Lenka Reinerová

Närrisches Prag

Ein Bekenntnis

Aufbau-Verlag

ISBN 3-351-03040-1

1. Auflage 2005

Einbandgestaltung PEIX, Andreas Petzold
Druck und Binden GGP Media GmbH, Pößneck
Printed in Germany

www.aufbau-verlag.de

Lenka Reinerová

Närrisches Prag

An wen erinnert mich bloß diese Gestalt? Und wieso sitzt das hauchdünne und dennoch unübersehbare Wesen gleichzeitig an drei Tischen? Einmal an einem großen Fenster, hinter dessen Glasscheiben einheimische und touristische Menschen vorbeischlendern, auf die Straßenbahn warten, manchmal auch hereinschauen in das bekannte Prager Café. Niemand scheint jedoch die stumm dasitzende Erscheinung wahrzunehmen oder gar zu erkennen. Und in Prag kennt doch jeder beinahe jeden.

Sie kann aber auch, und das ist verblüffend, zugleich sozusagen ein bißchen um die Ecke sitzen, dort wo die breiten Fenster ein Stück Moldau umfassen, die Karlsbrücke, die Burg auf dem Hradschin und wo das grünliche Bild mit dem Absinthtrinker an der Wand hängt, immer hing und wohl auch immer hängen wird. Leicht vernebelt, rauch- und absinthverschleiert.

Der dritte Tisch, an dem das Wesen gleichzeitig sitzt, befindet sich jedesmal ganz in der Nähe, wenn mich manchmal ein Arbeitsgespräch, zumeist am frühen Vormittag, in dieses Lokal führt. Eine leicht verschwommene Figur, ungreifbar, bewegungslos, eher ein Schatten, aber mit glühenden Augen. Noch nie habe ich versucht, auf sie zuzugehen, weiß auch nicht, wie man solch eine Gestalt ansprechen könnte.

Eigentlich erinnert sie mich an niemanden, diese Erscheinung, die geradezu regelmäßig und keinesfalls nur hier vor meinen Augen auftaucht, wenn ich in meiner

Stadt etwas erkunden, näher betrachten und richtig verstehen will, und die sich in nichts auflöst, sowie jemand zwischen uns tritt. Das müßte aber gar nicht so sein. Das geheimnisvolle Wesen weiß doch gewiß, daß nur ich es sehen kann.

Übrigens war das nicht immer so, es zeigt sich mir erst in letzter Zeit. Könnte das vielleicht einen Zusammenhang mit den Begebenheiten haben, die in Prag überraschend und stets von neuem auf mich zukommen, mich bestürzen oder beglücken, verwundern und auf jeden Fall fesseln? Könnte dieses Wesen etwa ein Geist von Prag sein, ein Zauberer, der Magier dieser Stadt, dem viele nachspüren, den aber nur wenige begreifen können?

Ich kann diese Erscheinung, wie schon angedeutet, gleichzeitig an drei Tischen im Café Slavia sitzen sehen, begegne ihr aber auch auf der Straße, in einem Menschengewühl oder sonstwo, vor allem dann, sowie jemand etwas absolut Unsinniges oder gar Häßliches über unsere Stadt verbreiten oder ihr zufügen will. Und weil dieses Wesen vielleicht doch wohl ein Zauberer ist, der kommt und geht, regungslos zuhört, alles aufnimmt und nichts verrät, kann ich bei ihm getrost abladen, was mir ungerufen und immer wieder unausweichlich begegnet in unserem wunderbar närrischen Prag. Ich zögere auch nicht, meinen stillen Begleiter um Beistand und Rat anzurufen, wenn sich mein Leben schwierig verknotet oder mir Rätsel aufgibt, deren Lösung ich nicht kenne.

Da bin ich doch eines Tages durch den Pulverturm in die Celetná, die Zeltnergasse, marschiert, mit der durchaus praktischen Absicht, mir dort ein Paar Schuhe zu kaufen in einem seit Jahren bestehenden Geschäft. Das stellte sich freilich als Irrtum heraus, denn in dem großen Laden, auf den ich zusteuerte, wird nun Glas und Porzellan angeboten. Glas und Porzellan, die Waren, die ich vor mehr als einem halben Jahrhundert nach der Entlassung aus dem »sozialistischen« Gefängnis und meiner politisch motivierten Verbannung aus Prag in dem mir zugewiesenen Aufenthaltsort, der ostböhmischen Stadt Pardubice, in einer Musterabteilung betreute und zum Kauf anbot. Als Verantwortliche für diese Einrichtung des Kreisbetriebes für Haushaltsgebrauchsgegenstände, Sortiment Glas und Porzellan. Ein so aufschlußreicher Titel wurde mir damals verliehen.

Also Glas und Porzellan ... Versonnen blieb ich mitten auf der Fahrbahn stehen, auf der sich zum Glück nur selten ein Auto durch das Touristengewimmel schlängelt.

Mit einemmal vernahm ich eine Stimme, wandte mich um, sah niemanden, aber die Stimme blieb in mir.

»Du stehst in der Celetná«, flüsterte sie mir zu, »blick dich gefälligst ordentlich um, ob hier etwas davon übriggeblieben ist, wovon wir während der Kriegsjahre im fernen Mexiko geschwärmt haben, als uns Prag so gefehlt hat.«

Ich horchte auf. Natürlich! Egon Erwin Kisch und die Prager Altstadt, es kann ja kaum jemand anderer sein! Hier läßt er mich einfach nicht los. Ich sah mich noch einmal um, aber Erträumten kann man bekanntlich nicht begegnen.

Beim Weitergehen suchte ich eine Straßentafel, hatte plötzlich Angst, die Celetná könnte jetzt anders heißen, ein Schicksal, das in den letzten Jahren viele Gassen, sogar wiederholt, betroffen hat. Aber nein, hier stand noch der alte Name weiß auf rot auf dem Schild. Was hatte mir der gute Kisch in der mexikanischen Avenida Nuevo León, in der er damals wohnte, erzählt? Diese Prager Straße, durch die er in seiner Kindheit und Jugend aus seinem nahen Vaterhaus ungezählte Male gelaufen ist, gehört zu den ältesten in Prag, war schon immer ein Handelsweg vom böhmischen Osten zu den Märkten der Stadt. Und hat einen kuriosen Namen.

»Celetná«, überlegte ich laut, »kommt das vielleicht von Zelten, haben etwa Kaufleute hier ihre Zelte aufgeschlagen?«

»Ganz falsch«, freute sich der rasende Reporter über meinen Irrtum, »die Sache ist viel sympathischer. Bereits im 13. Jahrhundert gab es in dieser Gasse mehrere Bäcker, und die produzierten Zelte oder auch Zeltchen, Zeltlein. So hießen ihre kleinen flachen Kuchen. Sie konnten aber auch kunstvoll gekrümmt sein, hießen tschechisch ›calt‹. Wahrscheinlich sind sie die Vorfahren unserer Weihnachtsstriezel.«

»Aber die sind doch geflochten«, wandte ich ein, zufrieden, nun ihn bei einem Irrtum ertappt zu haben.

»Geflochten oder gekrümmt«, seufzte Egon, »auf jeden Fall Kunstwerke mit Rosinen und Mandeln. Reden wir von etwas anderem, sonst bricht mir das Herz.«

»Wahrscheinlich knurrt dir der Magen«, bemerkte ich trocken, um seine Wehmut im fernen Exil, seine Sehnsucht nach Prag und den vermißten Leckerbissen zu dämpfen.

Man kann mir getrost glauben, daß ich mit absoluter Sicherheit imstande war zu erraten, wem die Stimme gehörte, die in der Celetná für mich mit einemmal so vernehmbar war. Erneut setzte ich mich in Bewegung und lief in der Kuchenstraße weiter.

An ihrem Ende, bereits in unmittelbarer Nähe des Altstädter Rings, hatte man vor ein paar Jahren überraschend ein »Kisch-Café« eröffnet. Auf den Speisezetteln, die dort auf den Tischchen auslagen, wurde unter anderem ein »Eisbecher à la Egon Erwin Kisch« angeboten. Ich stutzte. Eine oft gebrauchte Redensart des Schriftstellers lautete: »Ich bin kein Freund von Süßigkeiten«, wobei er sich dann allerdings meistens an denselben kräftig bediente. In Gedanken daran verspürte ich mit einemmal richtigen Kuchenhunger. Ich beschleunigte meine Schritte, hatte die verlockende Vision einer Tasse Kaffee und einer Portion echter Sachertorte oder vielleicht auch eines Stücks geflochtenen Zeltleins im Kopf.

Schon von weitem erblickte ich auf dem Gehsteig vor dem Gebäude, über dessen Eingang »Kavárna Egona Ervína Kische« in den Stein geritzt ist, eine Tafel, offenbar mit dem Angebot des Tages. Als ich näher kam, las ich auf dem schwarzen Brett zufrieden die Inschrift in weißer Kreide: »Heute Pflaumenknödel aus Topfenteig«.

Hinter den großen Glasscheiben, dort wo die Tischchen und Stühle zu stehen pflegten, blitzte und funkelte es zu meiner Überraschung. War so etwas überhaupt möglich? Auch hier: Glas und Porzellan. Verfolgten mich diese Produkte?

Unschlüssig blieb ich stehen, las noch einmal das verführerische kulinarische Angebot auf der schwarzen Tafel und trat dann entschlossen über die Schwelle.

Wo sich früher eine kleine Garderobe befand, in der man seinen Mantel aufbewahren ließ, stand eine Frau und fragte bei meinem Anblick mißmutig:

»Sie wünschen? Der Eingang in den Laden ist links.«

Das klang mehr abweisend als einladend.

»Ich will gar nicht in den Laden. Ich hätte gern eine Portion Pflaumenknödel.«

Sie starrte mich an. »Was?«

»Pflaumenknödel«, wiederholte ich.

»Wir verkaufen Glas und Porzellan«, sagte die Frau ärgerlich und, wie mir schien, schon etwas gereizt.

»Auf der Tafel vor der Tür«, beharrte ich auf meinem Wunsch, »bieten Sie für heute Pflaumenknödel an. Aus Topfenteig«, fügte ich noch hinzu, um zu manifestieren, daß ich mich genauestens informiert hatte.

Es folgte ein tiefer Seufzer der Frau. »Wir verkaufen Glas und Porzellan«, wiederholte sie nachdrücklich, »das kann man schließlich sehen.«

»Vielleicht«, gab ich zu, »aber auf der Tafel vor der Tür ...«

Am Rande ihrer Geduld, hob die Frau beide Hände hoch und kreischte beinahe:

»Wir haben hier sehr wenig Platz, wie Sie selbst merken können, deshalb stellen wir die verdammte Tafel, die wer weiß warum hier übriggeblieben ist, tagsüber vor die Tür.«

»Aber das Angebot«, wagte ich noch einzuwerfen.

»Jeder vernünftige Mensch erkennt, was es hier zu kaufen gibt«, zischte die Frau erbost und verschwand hinter einem Vorhang.

In diesem Augenblick zeigte sie sich mir, die Gestalt, die gleichzeitig an drei Tischen zu sitzen versteht. Diesmal hier, zwischen den Falten des dicken grauen Vorhangs, hinter den die Frau geflüchtet war. Die Erscheinung blieb stumm, schien aber ein ganz klein wenig zu lächeln, als ob sie mir etwas zu verstehen geben wollte. Vielleicht: So etwas kann man in Prag erleben, hier gibt es das eben. Und das wissen wir doch, wir beiden.

Inzwischen ist die Tafel mit dem Pflaumenknödelversprechen endgültig weg, auch den grauen Vorhang könnte man nicht mehr finden; der Haupteingang in das Haus ist vernagelt. Über zwei Stufen gelangt man jetzt in einen ganz lustigen Laden nebenan, der »Blue« heißt und allerhand Souvenirs, mit »Prag« bedruckte T-Shirts und anderen Unsinn anbietet. Nichts zum Essen, jedoch auch Glas, modern und eher dekorativ. Kein Porzellan. Der in das Steinportal eingeritzte Kaffeehausname mit E. E. Kisch ist weiterhin da, unverrückbar, wird hier wohl auch in Zukunft seinen Platz behaupten.

Ich fragte die beiden jungen Leute, die im »Blue« verkaufen, ob sie wissen, wer dieser Kisch war, dessen Name über dem Eingang in ihr »blaues« Geschäft zu lesen ist. Der Mann sagte:

»Ja, so jemand wie Kafka.«

»Und Kafka?«

»Der hat Bücher geschrieben, ist doch berühmt.«

Das hübsche Mädchen an der Kasse lächelte und meinte:

»Eigentlich eine Schande, man sollte mehr wissen, wenn man den ganzen Tag hier herumsteht. Man hätte uns etwas über diese Stelle sagen sollen, ehe man uns hierher schickte.«

Ich sah mich um, war mit den beiden allein da. Niemand sonst bewegte sich zwischen den bunten Gläsern und dem touristischen Kleinkram in dem lustigen Blue-blauen Laden.

Als ich mich von den jungen Verkäufern verabschiedete, nachdem ich einen überaus langen Bleistift erstanden hatte, an dessen einem Ende ein winziges farbenfrohes Häuschen mit der Aufschrift »Praha« angebracht war, blickte ich mich auf jeden Fall vorsichtig nach meinem geheimnisvollen Begleiter um. Er zeigte sich nicht, saß wohl an seinen drei Tischen, hatte mir ja bereits eine Art Lektion erteilt: Das Leben läuft weiter, was gestern war, ist schon bald vorgestern. Hätte der Rabbi Löw, hätte der Schriftsteller Gustav Meyrink je ahnen können, daß ihr Golem in winzigem und auch sehr großem Format, in Holz, Ton, Glas und Porzellan (!) eines Tages in Schaufenstern ausgestellt und ein beliebtes Mitbringsel sein wird? Ich bin gewiß nicht die einzige, die sich den verschiedenartigen Stimmungen, dem so oft heraufbeschworenen und niemals enträtselten Zauber meiner Heimatstadt nicht entziehen kann. Zweifellos geht es Bürgern in anderen Städten ähnlich. Allein – man gestatte mir diese Einschränkung – wahrscheinlich nicht ganz genauso. Denn Prag, das muß man wissen, ist neben seinem würdevollen Alter und seinen historischen Werten auch ein sonderbar närrischer Ort. Was übrigens in bestimmtem Maße gleichfalls für die Menschen gilt, die hier zu Hause sind. Bin ich doch selbst einer von ihnen.

Wann immer ich in der Nähe meines jetzigen, nunmehr schon langjährigen Wohnviertels am linken Ufer der Moldau an der Hl. Wenzelskirche vorbeigehe oder mit der Straßenbahn vorbeifahre, muß ich an einen guten Menschen denken, an unsere alte Boženka, die in diesem Gotteshaus geradezu zu Hause war. Mit all ihren Sorgen und Schmerzen fand sie hier beim Altar der Jungfrau Maria Maggiore stets verläßlich Zuflucht, Verständnis und Beistand.

Auf welchem Wege gerade diese Frau in mein Leben eingetreten ist, weiß ich nicht mehr, weiß nur wann: Das geschah gegen Ende des Jahres 1948, kurz nach meiner ersten Krebsoperation. Die hat mich natürlich angestrengt, ich war erschöpft, hatte ein zweijähriges Kind und brauchte Hilfe. Weil wir nach Krieg und Holocaust keine Verwandten mehr besaßen, mußte ich eine bezahlte Haushaltshilfe suchen. Damals zog Boženka zum erstenmal bei uns ein.

Sie war nicht mehr ganz jung, hatte ein kleines, eher verschlossenes Gesicht mit klaren, hellen Augen. Ihren Kopf bedeckte streng gescheiteltes, mit einem festen Zöpfchen zu einem kleinen Knoten zusammengewundenes aschblondes Haar.

»Ich werde kochen, auf das Kind aufpassen, die Wohnung sauber halten und an Sonntagen zur Messe gehen«, erklärte sie bei unserem ersten Gespräch. Das klang ganz vielversprechend, die Frau machte einen soliden, verläßlichen Eindruck. Ich brauchte dringend Hilfe und die bot sie mir an. Nicht überschwenglich, eher nüchtern und sachlich.

»Wir suchen doch keine Freundin«, beruhigte mich mein Mann, als ich etwas mehr Entgegenkommen vermißte, »die Frau verspricht nur, was sie halten kann.«

Boženka zog bei uns ein, kochte gut, ging mit dem Kind spazieren, kam mit ihm pünktlich zur vereinbarten Stunde nach Hause, und die Kleine gewöhnte sich bald an sie. Nur an eine Gepflogenheit unserer neuen Hausgenossin konnte sie sich nicht gewöhnen. Wenn Boženka Kopfschmerzen hatte, und die plagten sie offenbar ziemlich oft, schnitt sie von einer Gurke eine kräftige Scheibe ab und klebte sie sich an die Stirn, was angeblich verläßlich half. Das gefiel unserem Töchterchen nicht, es graulte sich ein bißchen vor der Frau mit dem komischen Gurkenkopf. Es entging mir auch nicht, daß unsere Kleine jedesmal vor dem Aufbruch zum Spaziergang ihre Begleiterin aufmerksam betrachtete. Sie wird doch nicht am Ende mit der Gurke …

Nein, vor jedem Ausgang wurde nur das Zöpfchen festgezogen und jedes Stäubchen vom Mantel entfernt. Boženka redete nicht viel, ging, wie sie angekündigt hatte, jeden Sonntag in die Kirche, und als sie uns eines Tages unvermittelt eröffnete, sie habe beschlossen, ihr Leben zu ändern, wolle nicht weiter Hausgehilfin sein und habe über Vermittlung einer Kirchenbekannten eine Arbeit in der Industrie angenommen, tat es uns leid, aber, ehrlich gesagt, nicht allzu sehr. Wir wünschten ihr viel Glück und hatten selbst Glück, denn bald trat ein junges Mädchen in unseren Haushalt ein, und das Zusammenleben mit ihm stellte sich als viel fröhlicher heraus. Liduška litt auch nicht an Kopfschmerzen und benützte Gurken nur zum Anrichten von Salaten, was unsere Kleine offensichtlich erleichterte.

Jahre vergingen. Für uns recht turbulente Jahre, in die mein absurder Gefängnisaufenthalt im Rahmen der »politischen Säuberungen 1952–1953« fiel, unsere darauffolgende Abschiebung in eine Provinzstadt, die Rückkehr in ein für uns zeitweise obdachloses Prag und schließlich die Zuteilung einer Wohnung im Stadtteil Košíře, wo wir, zwar ungefragt, aber dennoch endlich wieder festen Fuß fassen konnten.

In jener Zeit war das wahrlich kein überaus verlockendes Stadtviertel. Geräuschvoll, beträchtlich verwahrlost, belastet mit einer wichtigen Ausfallstraße nach dem Westen. Und mit zahlreichen, noch verwahrlosteren Nebenstraßen, in denen es von Kindern und arbeitslosen Jugendlichen geradezu wimmelte. Das waren die sogenannten Zigeunerstraßen.

Vor dem Jahr 1945 waren in Prag nur wenige Roma-Familien angesiedelt, der große Zustrom auf der Flucht vor der heranrückenden Ostfront erreichte die Stadt erst am Kriegsende. Diese Menschen, bekanntlich ein fahrendes Volk, konnten sich in den Steinbauten und beengenden Gassen nur mühsam eingewöhnen. Sie vermißten ihre natürliche Gemeinschaft, das wechselnde Lagerleben unter freiem Himmel. Sowie der Frühling und Sommer in Prag einzogen, saßen in unserem Stadtviertel in den Abendstunden Frauen und Kinder am Rande des Gehsteigs, ließen die Füße in die Fahrbahn baumeln – der Verkehr war in jenen Jahren noch nicht so monströs –, schwatzten, rauchten, führten mitunter heftigen Meinungsaustausch, genossen den blassen Ersatz ihres einstigen Lagerlebens.

Die jungen, in grelle Farben gekleideten Mädchen unter ihnen waren oft beunruhigend schön. Ihr Lachen, manchmal auch ein vielstimmig geträllertes Liedchen in unverständlicher Sprache wirbelten die eintönige Straße richtig durcheinander. Unter den alten Frauen gab es einige Hexengestalten mit einer Zigarre im Mundwinkel, die mitunter laut zeterten und vorübergehende Menschen belästigten.

»Ich kann aus deiner Hand dein Schicksal lesen«, bot mir eines Tages eine solche furchterregende Person mit einem gräßlich geschwollenen Bein an.

»Nein, danke. Ich will es gar nicht wissen.«

Es folgte ein Schwall böser Flüche.

»Laß das«, eine der jungen Schönen erwischte die Alte an ihrem Schultertuch. »Laß diese Frau in Ruhe. Siehst du denn nicht ...« Und sie ließ den Satz unbeendet, schenkte mir ein warmes Lächeln und kehrte tänzelnd zu ihren Freundinnen zurück.

Ich setzte meinen Weg nachdenklich fort. Was hat die Hexe an mir erkennen und mich deshalb verschonen sollen? Daß ich auch zu einer oft getretenen Menschengemeinschaft gehöre? Oder bildete ich mir das bloß ein, und das Mädchen war einfach vernünftig.

Wo steckte in solcher Stunde das Wesen, das gleichzeitig an drei Tischen zu sitzen versteht? Wo blieb der magische Geist, von dem es heißt, daß er Prag seinen rätselhaften Zauber verleiht? Diesen Zuwanderern aus einem ungebundenen, ganz anders gearteten Dasein hätte der Namenlose beistehen, hätte sie beruhigen müssen. In unserer Stadt wurden – wie an so vielen anderen Orten – im Laufe der Jahre wiederholt Menschen, oft ganze Gruppen, angefeindet und mißverstanden. Und haben hier dennoch Fuß gefaßt und die Moldaumetropole gerade mit ihrer Unterschiedlichkeit bereichert und mitgestaltet. Neuartig, temperamentvoll, manchmal ein bißchen närrisch. Aber auch das gehört glücklicherweise zu Prag.

Wir brauchten gleichfalls eine gewisse Zeit, um uns in Košíře einzugewöhnen, in dieser für uns neuen und bislang fremden Umgebung. Da klingelte eines Tages jemand an unserer Tür. Ich öffnete, auf der Schwelle stand eine Frau in Mantel und Kopftuch, wie mir schien, ein wenig verlegen.

»Sie wünschen?« fragte ich die Fremde.

»Ich bin die Božena«, lautete die gemurmelte, überraschende Antwort.

»Na so was! Kommen Sie doch weiter!«

»Nein, nein«, sie schüttelte den Kopf, »verzeihen Sie, ich will nicht stören, möchte Sie nur um etwas ersuchen.«

»Frau Boženka«, rief in diesem Augenblick mein Mann, der nachschauen kam, was sich an der Wohnungstür abspielte. »Treten Sie doch näher.«

Wir mußten sie noch ein wenig überreden, schließlich ließ sie sich in Mantel und Kopftuch im Wohnzimmer nieder, blickte sich um und sagte: »Noch mehr Bücher.«

Dann rückte sie mit ihrer Bitte heraus. Sie benötigte für ihren Rentenanspruch eine Bestätigung für die Zeit, während der sie bei uns im Haushalt half. Dabei bemerkte sie leise und nur so nebenbei, jetzt in einem städtischen Frauenheim in unserer Nähe zu wohnen und sehr viel Zeit zu haben. Ich schaute zu meinem Mann hinüber, der nickte.

»Boženka«, sagte ich, »ich arbeite jetzt in einer Redaktion, komme unregelmäßig nach Hause. Mein Mann soll aber regelmäßig essen, er ist, wie Sie ja wissen, nicht ganz gesund. Möchten Sie nicht ein paarmal in der Woche ...«

Und so trat Frau Boženka diesmal eigentlich nicht so sehr in unseren Haushalt als vielmehr in unsere Familie ein. Denn mit ihr hatte sich in den vergangenen Jahren eine sehr wesentliche Änderung vollzogen.

Es ist wohl kaum ein Zufall, daß ein Dichter in Prag, vielleicht sozusagen DER Dichter von Prag, in einer seiner berühmtesten Erzählungen einen Menschen sich in einen Käfer verwandeln ließ. Könnte ein solcher Prozeß auch umgekehrt stattfinden? Kann sich ein kleiner Menschenkäfer in ein aufrechtes Wesen, in ein schlichtes und vollwürdiges Menschenexemplar umwandeln? Was meint hierzu mein Schattenwesen, das gleichzeitig an drei Tischen zu sitzen vermag? Kann einem eine solche verwandelte Gestalt den Weg kreuzen? Sind wir imstande, sie zu erkennen und richtig zu deuten?

Ihre Erfahrungen in der Welt der Industrie hat Boženka in einer Kosmetikfabrik gesammelt, an einem mit vielen Frauen besetzten Fließband. Zuerst, so erzählte sie uns jetzt ganz offen und sogar sichtlich gern, zuerst war das gar nicht einfach, hatte sie doch bislang immer nur allein in einem fremden Haushalt gearbeitet. Bis zur Besetzung der Tschechoslowakei durch Nazideutschland bei einer jüdischen Familie, wovon sie uns gegenüber früher nie gesprochen hatte.

»Die waren gut zu mir«, sagte sie nun, und Tränen schossen in ihre Augen, »und wurden alle umgebracht. Selbst der kleine Willi, so ein liebes Kerlchen.«

Unmittelbar nach Kriegsende, erzählte sie ein andermal, kam sie im Haushalt eines kinderlosen Ehepaares unter. Der Mann war Minister, »aber sehr freundlich«, wie sie betonte. Mit der gnädigen Frau konnte sie jedoch nicht zurechtkommen. Die fuhr mit den Fingern ständig an den Möbeln herum, um festzustellen, ob Boženka überall ordentlich Staub gewischt hat. Wenn Gäste ins Haus kamen, verlangte Madame, daß sie in einem schwarzen Kleid mit weißer Schürze und weißem Häubchen bei Tisch servierte. Eines Tages herrschte sie sie im Laufe eines solchen Essens vor den Gästen grob an. Da verzog sich Boženka in die Küche, holte ihr Köfferchen hervor, legte Schürze und Häubchen auf den Tisch und verließ das Haus.

»Zwischen Vorspeise und Suppe«, berichtete sie uns, »das war gewiß nicht in Ordnung, aber ich konnte es dort einfach nicht mehr aushalten.«

»So etwas verlangt aber Mut«, warf ich ein.

Sie seufzte. »Die Jungfrau Maria stand mir bei, sonst hätte ich es nicht fertiggebracht. Sie hilft mir immer.«

Die Kosmetikfabrik ermöglichte Boženka einmal mit anderen Arbeiterinnen ein verlängertes Wochenende in einer Betriebshütte im Riesengebirge. Das war der erste und einzige Urlaub in ihrem Leben.

»Wir haben dort viel Spaß gehabt«, erinnerte sie sich schmunzelnd noch nach all den Jahren, »haben auch zusammen gesungen, wobei jede ein Lied vorschlagen mußte. Zuerst habe ich mich geschämt, aber wir waren ja nur unter Frauen ...«

»Nur unter Frauen?« Unsere Tochter, inzwischen im Backfischalter, wunderte sich. »Und das war lustig?«

Die beiden, die alternde Frau und das junge Ding, führten jetzt miteinander lange Gespräche. Boženka klebte auch nie mehr eine Gurkenscheibe an ihre Stirn. Vielleicht hat man ihr in der Kosmetikfabrik ein anderes Mittel gegen Kopfschmerzen empfohlen. Von unserer Tochter erfuhr ich auch, daß unsere fromme Hausgehilfin nur einmal im Leben eine ganz kurze Liebschaft hatte. Das war ein junger Soldat aus ihrem Dorf, und als er sie einmal küßte, geriet Boženka in Panik, hatte Angst, sie könnte davon ein Kind bekommen, und wollte ihn nie wieder sehen.

In dem Frauenheim in unserer Nähe wohnte sie in einem ganz kleinen Zimmer, das mit einem Gaskocher und einem Waschbecken mit nur kaltem fließendem Wasser ausgestattet war. Trotzdem fühlte sie sich in ihren knappen vier Wänden glücklich, insbesondere weil sie, wenngleich über einer hochfrequentierten und lärmenden Straße, einen winzigen Balkon hatte, auf dem sie eine üppige Blumenpracht heranzog.

Seit sie nicht mehr »Dienstmädchen« war, hatte sie ihre Scheu und Zurückhaltung überwunden, unterhielt sich auch mit mir zutraulich und führte mit meinem Mann oft recht lange Gespräche. Nie hat sie uns gefragt, ob wir gläubig sind, aber wann immer sie es für angebracht hielt, versprach sie, die Jungfrau Maria auch für uns um Beistand zu ersuchen.

An allen katholischen Feiertagen fuhr Boženka nach Hause, vor allem auch, um auf dem Dorffriedhof das Grab ihrer Eltern zu besuchen und frisch zu bepflanzen. Sie hatte einen Bruder, der in ihrem Geburtshaus lebte und bei der Eisenbahn angestellt war. Auch seine Frau arbeitete bei der Bahn, bediente im Nachbardorf manuell die Bahnschranken. Von ihnen hatte Boženka zwei Neffen.

Wenn ich sie in dem Frauenheim besuchte, was bei ihrem fortschreitenden hohen Alter immer häufiger geschah, wurde ich von der Pförtnerin stets sehr herzlich willkommen geheißen. »Wie geht es dem Herrn Doktor?« erkundigte sie sich, was mich ein wenig überraschte. »Ist er schon aus dem Krankenhaus zurück?« Und ein andermal: »Ist Ihr Töchterchen mit den Tanzstunden zufrieden?«

Zuerst berührte es mich ein bißchen sonderbar, daß die Frau so ausgiebig über uns informiert war. Mit der Zeit erfuhr ich jedoch von Boženka auch allerhand aus dem Dasein ihrer Mitbewohnerinnen in dem Heim und begriff, daß dort berichtet und erörtert wurde, was das Leben der Frauen, auch in bescheidenen Formen, bereicherte oder bekümmerte.

Das Haus, in dessen vierter Etage man uns eine Wohnung zugeteilt hatte, war ein nüchterner, eher unschöner Neubau. Als ich zum erstenmal ein Fenster aufstieß und der Ausblick in einen kleinen Park führte, beruhigte ich mich: Du wirst dich hier schon eingewöhnen. Sieh dich ordentlich um, lerne deine Umgebung kennen, schließlich ist das doch auch ein Teil von Prag. Und so durchstreifte ich den kleinen Friedhof am unteren Ende unserer Straße, auf dem zu früheren Zeiten Künstler und Persönlichkeiten vor allem von der Kleinseite bestattet wurden und wo bekanntlich auch Wolfgang Amadeus Mozarts Prager Gastgeberin und Liebe, die schöne Sängerin Josefine Dušek, ihre ewige Ruhe fand. An der abschließenden Straßenkreuzung entdeckte ich ein wenig überrascht eine gründlich ruinierte Synagoge, in der jahrelang Gemüse gelagert wurde. Die wurde derzeit in anerkennenswertem Tempo erneuert und beherbergt nun das Archiv der Prager Jüdischen Gemeinde. Unweit von diesem einstigen Gebetshaus steht sein schon erwähnter Kollege, die bestens instand gehaltene Hl. Wenzelskirche, der Zufluchtsort unserer Frau Boženka.

Meine nähere Bekanntschaft mit diesem Stadtviertel machte ich am Ende der fünfziger Jahre des vor kurzem beschlossenen Jahrhunderts. Beim Einzug in die so lange entbehrte eigene Wohnung in Prag war unser körperlicher, materieller und insbesondere seelischer Zustand nach den Strapazen der vorangegangenen Jahre nicht gerade der beste. Und es war für uns auch wieder einmal ein neuer Anfang, dem wir uns stellen mußten.

Boženka hatte sich ihrerseits an die Großstadt, in der sie nun schon seit sehr langer Zeit lebte, recht gut gewöhnt und schloß mit ihr auf eigene, ihrem beträchtlichen Alter angemessene Weise nähere Bekanntschaft. An manchen Tagen setzte sie sich in eine Straßenbahn und fuhr von einer Endstation zur anderen, um zu sehen, »wie unser Prag wächst«. Gefiel ihr etwas nicht, weil es ihrer Meinung nach »für die Menschen nicht gut ist«, teilte sie das in der Hl. Wenzelskirche dem Herrn Pfarrer mit, zu dem sie volles Vertrauen hatte, denn der konnte ja ihre Beschwerde an die Hl. Jungfrau weitergeben, und die half bekanntlich immer. Wie sie das in den neuen Prager Siedlungen bewerkstelligen konnte, blieb für mich ein Rätsel.

Als unsere Tochter im Jahr 1968 bei einem Ferienaufenthalt nach der Besetzung der Tschechoslowakei durch ihre damaligen »Bruderarmeen« in England verblieb, meinte Boženka, sie tue dies »wie jetzt die meisten anständigen jungen Menschen« und es sei wohl für sie so auch am besten. Zugleich eröffnete sie mir, von nun an werde sie noch mehr für meinen Mann und mich sorgen, denn »sonst tut es ja niemand«.

Als mein Mann Theodor Balk im Jahr 1974 schwer krank im Spital lag, besuchte ihn unsere gute Frau Boženka, nahm seine Hand und sagte: »Haben Sie keine Angst, Herr Doktor. Wenn Sie nach Hause kommen, koche ich Ihnen wieder Ihr Lieblingsgericht, und noch heute empfehle ich Sie der Obhut der Jungfrau Maria. Die steht uns allen bei.« Mein Mann starb in der folgenden Nacht, und mir blieb nur die Hoffnung, daß dieser fromme Zuspruch erhört wurde.

Am Begräbnistag Balks erschien Boženka vom Kopftuch bis zu den Strümpfen in Schwarz gekleidet, stellte sich im Krematorium schützend neben mich und meine Tochter und nahm am Schluß der Zeremonie mit schlichter Selbstverständlichkeit mit uns die Beileidskundgebungen der Trauergäste entgegen.

Allmählich wurde sie neunzig und mehr Jahre alt. Die Straßenbahnausflüge waren für sie schon allzu beschwerlich, mich besuchte sie jedoch regelmäßig und brachte mir stets, gekocht oder gebraten, etwas Gutes mit. Blieb sie länger fort, begab ich mich in das Frauenheim. Dort war sie nicht nur in ihrem Stockwerk gut bekannt, denn wer immer Hilfe brauchte – Frau Boženka, die vielleicht älteste Insassin, bot sie jedem an. Sie wurde von Tag zu Tag kleiner und dünner, empfing mich aber stets tadellos gekämmt und mit einer frisch gebügelten Schürze um die schmalen Hüften. Das Haarknötchen auf dem Kopf war fest geflochten.

Wir haben ihr einmal zu Weihnachten ein Fernsehgerät geschenkt, das jetzt, zumeist mit einem gestickten Tuch bedeckt, stumm in einer Ecke stand. Denn Boženkas Gehör verschlechterte sich, und als sie den Apparat noch angestellt hatte, klopften ihre Zimmernachbarinnen ärgerlich an die Wand, beschwerten sich über die übermäßige Lautstärke.

»Dabei haben die Herren Redakteure die Nachrichten ganz leise vorgetragen«, seufzte Boženka und strich traurig über die schwerhörigen, zudem noch mit einem Wolltuch bedeckten Ohren. »Ich mußte den Knopf ordentlich aufdrehen.«

Mit Hilfe der »Katholischen Zeitung« verfolgte sie interessiert, oft beunruhigt und mißbilligend, das Weltgeschehen. Als dann eines Tages Karol Wojtyła zum Papst gewählt wurde, fragte ich sie, weil ich ja wußte, wie gläubig sie war: »Na, Boženka, was sagen Sie dazu: Ein Pole wurde diesmal Papst.«

Sie seufzte. »Das ist sehr gut«, meinte sie dann. »Bei uns hier hätten sie es ihm nicht erlaubt.«

»Wir haben alle irgendwo eine flackernde Kerze«, pflegte sie oft zu sagen, »erst wenn die verlöscht, kommt das Ende.« Sie wurde fast 97 Jahre alt, dann entschwand das Flämmchen ihrer Kerze. Zu dem Begräbnis fuhr ich in ihr Heimatdorf.

Frau Boženka war im offenen Sarg in der Kirche aufgebahrt. Ich hielt mich zurück, wollte sie tot nicht sehen. Auf der Straße vor dem Gotteshaus stand eine Dorfkapelle mit blank geputzten, in der Sonne blitzenden Instrumenten. »Alles findet nach Wunsch unserer Tante statt«, flüsterte mir einer ihrer beiden Neffen zu. »Und wir müssen gar nichts bezahlen. Sie hat ihre Ersparnisse für ein volles Begräbnis bestimmt. Auch für eine Messe in der Hl. Wenzelskirche in Prag.«

Von der Kirche zogen wir mit der Musik zu einem kleinen Friedhof, mußten dabei eine recht belebte Bezirksstraße überqueren und verursachten damit einen mittleren Stau. Auf einem Baum über dem offenen Grab zwitscherten zur Trompetenmusik unbekümmert ein paar Spatzen. Als der Pfarrer das Gebet beendete und die Musik verstummte, war ich sicher, daß die Jungfrau unsere Boženka mit offenen Armen aufnahm. Wir aber begaben uns jetzt alle in ein nahes Wirtshaus.

»Wie geht es Ihrer Tochter Anna in England?« rief mir dort von einem Nebentisch eine völlig fremde Frau aus Boženkas Dorf zu. »Schreiben Sie noch Bücher?« erkundigte sich eine andere. »Und versteht die kleine Philipa Tschechisch?« wollte eine behäbige Tante von einem weiteren Tisch wissen.

Da wurde mir ganz warm ums Herz, denn ich begriff:

Alle im Dorf hatten Kinder und Kindeskinder, erzählten stolz oder auch besorgt, wie es ihnen ging. Und Boženka? Auch sie mußte nicht leer ausgehen, auch sie konnte bei ihren Besuchen zu Hause etwas erzählen. Sie hatte uns.

Was aber hat das Begräbnis der Frau aus einem böhmischen Dorf mit meinen Streifzügen durch Prag gemein? Das Wesen, das sich gleichzeitig an drei Tischen niederlassen kann, runzelt, so scheint mir, ein wenig die transparente Stirn. Ich gehe in diesem Augenblick gerade an der Hl. Wenzelskirche vorbei und glaube es zwischen den Rosenstöcken vor ihrem Tor zu wissen.

»Unsere Frau Boženka hat eine lange Reihe von Jahren in dieser Stadt gelebt«, bemerke ich, obwohl es der Unsichtbare zweifellos weiß. Mit ihrer Bescheidenheit und natürlichen Klugheit, mit ihrer Gutherzigkeit, aber auch Strenge, wenn sie es für richtig hielt, wurde sie für mich ein nicht fortzudenkender Bestandteil des erstaunlichen, verwirrenden und zugleich bereichernden lebendigen Miteinanders in unserem Prag. Die Brücken und die Burg, die Paläste und die von der Geschichte berührten Plätze wären öde ohne solche Menschen.

Ich weiß: Wenn von dieser Stadt die Rede ist, bin ich kaum objektiv, durchaus nicht gerecht, verhalte mich wie Eltern, wenn von ihrem Kind gesprochen wird. Hier ist es allerdings umgekehrt: Ich bin ein Kind von Prag.

Aufgewachsen bin ich in der Vorstadt Karlín, zu deutsch Karolinenthal, und ich war fassungslos, als im Jahr 2002 gerade dort die wild gewordene Moldau mit ihrem »hundertjährigen Hochwasser«, so hieß es in den amtlichen Meldungen, in die Straßen raste, Häuser zum Wanken und Einstürzen brachte, die Menschen aus ihren Wohnungen vertrieb und alles gnadenlos überflutete.

Gewiß, das Wasser drang auch in die Altstadt ein, verschonte die Alt-Neuschule nicht, eine der ehrwürdigsten Synagogen Europas, löschte einen Teil der für immer an die Wände der Pinkas-Synagoge angeschriebenen Namen im Holocaust vergaster und verbrannter Bürger des Landes, ließ die liebliche Oase der Kleinseitner Insel Kampa unter einer schmutzig trüben Wellenbrandung verschwinden – aber in den Zeitungen las ich und aus dem Rundfunk und Fernsehen vernahm ich immer wieder: Am schlimmsten ist es in Karlín.

In meinem Karolinenthal?

Dort hatten meine Eltern eine Eisenwarenhandlung, die uns offenbar bis zur allgemeinen Wirtschaftskrise in den zwanziger Jahren des vergangenen Jahrhunderts ganz ordentlich ernährte. Dann begann es schwierig zu werden, und so hat man verschiedene Versuche unternommen, um das Geschäft zu erhalten. Zu solchen Maßnahmen gehörte es auch, daß das Sortiment im Laden eines Tages um Skier bereichert wurde. Das waren in jenen Jahren im wahrsten Sinne des Wortes »Bretter«, Sportgeräte aus Holz verschiedener Länge. Dazu Bambusstöcke mit Lederschlaufen für die Handgelenke und mit Aluminiumringen am unteren Ende.

Als ich mit einer Garnitur dieses Sportgeräts bedacht wurde, war ich im siebenten Himmel. Als es auch noch heftig zu schneien begann und die Königsstraße, in der sich das Geschäft und unsere Wohnung befanden, von einer dichten Schneemasse bedeckt wurde, schnallte ich meine Bretter gleich vor dem Haus an.

Meine Mutter schüttelte entsetzt den Kopf. »Was fällt

dir da wieder ein? Das geht doch nicht, was werden die Leute sagen? Man kann doch nicht auf der Straße ...«

»Kann man, Mutti! Schau wie schön!« Und ich machte mich schnell auf den Weg, um einem dann unanstreitbaren Verbot zuvorzukommen. Mein Ziel war der nahe Invalidenplatz mit einer Art Böschung am hinteren Ende.

Unterwegs schüttelten die Erwachsenen auf der Straße gleich meiner Mutter verwundert und tadelnd den Kopf. Kinder rannten mir begeistert nach, und aus einer Trambahn erklang anhaltend schrilles Klingeln, um die Passagiere auf diese Narrheit aufmerksam zu machen. Auf der Königsstraße mit Skiern! Ich stapfte, besser gesagt trampelte, das allgemeine Aufsehen genießend, stolz weiter. Die Abfahrt von der Böschung am hinteren Ende des Invalidenplatzes dauerte dann alles in allem etwa eine kostbare Minute.

Meine Verknüpfung mit Karlín ist besonderer Art. Die erwähnte Eisenwarenhandlung meiner Eltern war ein düsterer, stets kalter Raum voll von Metallstangen und Reifen, Eimern und allerhand sonderbarem Gerät. Vor dem Laden dampften im winterlichen Frost Pferdegespanne der Schmiede aus den benachbarten Randvierteln der Stadt. Sie zählten zu den ständigen Kunden, nannten meine Mutter »schöne Frau«, was mir ebenso gefiel wie die in der Kälte schnaubenden Pferde, die in Karlín sonst nicht zu sehen waren. Und als einmal der bekannte böhmische Zirkus Kludský auf dem Invalidenplatz sein großes Zelt aufschlug und bei meinem Vater eine Kette für den Löwen gekauft wurde, steigerte das meine Position unter den Karolinenthaler Kindern beträchtlich. Gehörte ich doch auf diese Weise eigentlich selbst ein wenig zu dem Zirkus.

In unserer Straße gab es in einem Haus, gleich neben dem lokalen Postgebäude, eine Tabaktrafik, die, als ich ein bißchen älter wurde, geradezu unheimlich meine Aufmerksamkeit auf sich zog. An ihrer Glastür waren an einer Schnur stets einige Seiten aus verschiedenen, nicht unbedingt seriösen Zeitschriften befestigt, um Kunden anzulocken. Dort betrachtete ich zum erstenmal Illustrationen mit mehr oder weniger entblößten Frauen. Die Texte unter diesen aufregenden Bildchen konnte ich zu meinem Leidwesen nicht verstehen, was ich sah, war freilich an sich schon rätselhaft genug.

Am Ende der zwanziger Jahre und bis zum Ausbruch des zweiten Weltkrieges war Karolinenthal ein typisch bürgerliches Prager Stadtviertel mit tschechischer, deutschsprachiger und auch jüdischer Bewohnerschaft. Diese Zusammensetzung hat sich allerdings nach dem Jahr 1945 wesentlich verändert. Die deutsche Bevölkerung ist nicht mehr im Land, die jüdische nicht mehr auf der Welt. Aber die Straßen mit ihren soliden und zum Teil recht ansprechenden Bauten umwehen mich, ein Kind aus diesem Stadtteil, wann immer ich mich dort einfinde, mit einem Anflug beinahe heiterer Wehmut. Der kleine Sportplatz hinter dem Park wurde im Winter in eine Eisfläche verwandelt. Dort lernte ich Schlittschuhlaufen. Vor der stattlichen Cyril- und Methodiuskirche, die den rechteckigen Stadtplatz dominiert, bettelten oft großäugige Zigeunerkinder, und wenn ihnen meine Mutter ein paar Münzen hinhielt, riefen sie: »Gott gebe Ihnen Gesundheit, schöne Frau!« Dabei lachten sie ausgelassen und rannten schnell davon, um einige Süßigkeiten oder auch vermittels eines älteren Bruders im Fuhrmannsgasthof »Zur Stadt Hamburg« am unteren Ende des Platzes einen Schluck Bier zu ergattern. Das Bronzetor der Karolinenthaler Kirche, angeblich der ältesten neuzeitlichen Prags, schmückten Reliefs mit Szenen aus dem Leben ihrer beiden Patrone, der Schöpfer der slawischen Liturgie. Hat wenigstens das wuchtige Metalltor den reißenden Fluten standhalten können?

An der oberen Grenze meines so persönlichen Stadtviertels steht das Karlíner Theater, in jüngster Zeit vor allem ein Haus für Musicals, in meinen Kindheitstagen jedoch ein Varieté. Dort habe ich meinen ersten Theaterbesuch absolviert, sah auf der Bühne einen kleinen Schimpansen in karierten Höschen auf einem Trittroller über die Bühne sausen und einen Seelöwen auf seiner Nasenspitze mit einem bunten Ball jonglieren. Hat vielleicht gerade dieser erste fröhliche Theaterbesuch mein dauerhaftes Interesse für Kunst und Kultur in mir erweckt? Wer weiß.

Wenn man aus Karolinenthal »nach Prag« ging, d. h. in das Stadtzentrum zwischen Pulverturm und Wenzelsplatz, Wenzelsplatz und Insel Kampa, Kleinseite und Altstädter Ring, trabte man geraume Zeit durch die lange Königsstraße, die jetzige Sokolovská. Das war an sich eher langweilig. Aber es gab dort, schon näher zu »Prag« als zu meinem Geburtshaus, eine Stelle, die mich faszinierte. Das war der Laden von Frau Rothbaum, bei der meine Mutter ab und zu eine Gans kaufte und auch ein Stück Butter, weil hier alles »besonders frisch« war. Ihre Butter präsentierte die kleine, dickliche, gut gelaunte und ständig in ein dunkles Wolltuch gehüllte Frau Rothbaum in großen viereckigen Ballen auf dem Ladentisch und schnitt die gewünschte Menge mit einem Draht ab, der an beiden Seiten mit winzigen Papierröllchen zusammengehalten wurde. Diese Operation, das mühelos durch den Butterberg gleitende

Drahtinstrument, fand ich einzigartig, beinahe ein bißchen zauberhaft, und Frau Rothbaum lebt in mir in geradezu liebevoller Erinnerung weiter.

Beide, der Laden und seine Inhaberin, fanden in den Kriegsjahren ein tragisches Ende. Jetzt ist das Nebenhaus von Frau Rothbaum durch die Hochwasserkatastrophe in der Sokolovská zusammengestürzt.

Ich weiß, mein Namenloser, der du mich gleichzeitig von drei Tischen aus beobachtest, beschützt und ermahnst, ich weiß, daß du nicht immer und überall Unglück verhüten oder wenigstens dämpfen kannst und konntest. Ich spüre auch deine schützende Hand, oder ist es nur ein Blick, eine Ahnung oder ein tröstlicher, rettender Gedanke, den du mir eingibst? Ist es das Einst und Jetzt, das mich in Prag, und nicht nur hier, aber vor allem in Prag, begleitet, selten ruhen läßt und beinahe liebevoll vorwärtstreibt? Wenn dem so ist, dann bleibe auch weiterhin bei deinen drei Tischen und achte darauf, was mir begegnet und was damit in mir wachgerufen wird.

Prag erholte sich langsam von der Naturkatastrophe. Aus den Hausfluren der Kleinseite und der Altstadt verschwanden die pausenlos ratternden und heulenden elektrischen Wasserpumpen, der Pestgeruch verzog sich, und die ungebetenen Hochwassertouristen, einzelne, aber auch ganze Rudel von Ratten, zogen sich erneut in die Kanäle und Rohrleitungen unter der Stadt zurück. In den Straßen erschienen abermals einladend Tische und Stühle ständig zahlreicher werdender Kaffeehausterrassen. Zu meinem Erstaunen konnte man sehr bald auch wieder richtigen Touristen begegnen.

In dieser Lage machte ich mich zu einem Inspektionsgang nach Karlín auf, ein bißchen nervös, was ich dort vorfinden oder nie mehr finden würde. Es durfte doch wohl nicht für immer der schlimmste Prager Stadtteil bleiben.

Ich muß gestehen, daß ich das Wesen, das gleichzeitig an drei Tischen Platz nehmen kann, mir vorschwebt und sich mir zugleich entzieht, am Ende ein Prager Zaubergeist ist – ich muß ehrlich zugeben, daß ich es bei diesem Unterfangen ganz gern mit mir gewußt hätte. Aber Traumgestalten lassen sich leider an keinem Zipfel erwischen. Also zog ich allein los.

Durch meine Sokolovská-Königsstraße fuhr noch keine Straßenbahn, aber die U-Bahn funktionierte bereits von neuem und brachte mich bis an den Invalidenplatz. Der ist schon längst voll bebaut. Vom Skilaufen, Zirkus und anderen Vergnügungen ist nicht die geringste Spur zurückgeblieben. Das ganze Gelände wurde in Straßen aufgeteilt, besitzt die heutzutage unerläßlichen Parkplätze, auch einen vielstöckigen Hotelpalast. Die Mauern der Häuser vor mir waren noch bis fast in die Höhe der ersten Etage feucht verdunkelt.

Warum zögerte ich? Ich hatte mir doch vorgenommen, das ganze Stadtviertel bis zum Pulverturm, also bis »nach Prag«, zu Fuß zu durchqueren. Hatte ich Angst, zu viel Zerstörtes vorzufinden?

Am Straßenbahngeleise wurde gearbeitet. Rings um mich knatterte, kreischte und böllerte es. In der Luft flimmerte weißlicher Staub. Bald hatte ich ihn im Haar, auf der Haut, in den Augen, selbst im Mund. Kein sehr freundlicher Empfang. Hüstelnd machte ich mich auf den Weg.

Das Invalidenheim, in dem in meinen Kinderjahren freundliche alte Herren in vaterlandslosen himmelblauen Uniformen ihren kriegsbeschädigten Lebensabend verbrachten, denn sie waren nicht mehr österreichische Verwundete, aber auch keine tschechoslowakischen, sah schlimm aus, war nun selbst ein Invalide. Sonderbar! Das dunkel rosagraue, in eine kleine Parkanlage eingebrachte, eher niedrige Gebäude schien das traurige Schicksal zu haben, Verunglückte zu beherbergen. Zuerst unschuldig verkrüppelte Menschen und jetzt vom Wasser heimgesuchte, zum Teil nicht mehr zu rettende Archivalien, stumme und dennoch sehr beredte Zeugen vergangenen Geschehens! Die Wasserfluten haben unter anderem zahlreiche unersetzbare Architekturbelege endgültig zerstört. Auch ein SS-Archiv aus den bösen Okkupationsjahren 1939–1944 soll hier durch die Überschwemmung vernichtet worden sein.

Ich sah mich um. Die alten Fliederbüsche in dem kleinen Park vor dem schwer betroffenen Bau, majestätisch weit ausgreifend, überraschend auch jetzt im Spätsommer mit violetten und weißen Blüten übersät und mit Duftwolken die verpestete Stadtluft würzend, haben alles gesehen. Die Kriegsfolgen vergangener Jahre sind ebenso wie die vor kurzem jäh hereingebrochene Naturkatastrophe über sie hinweggegangen und wurden von ihnen überstanden. Ob sie mich erkennen? Ob sie wissen, daß ich das magere Kind mit den »sündhaft dunklen Augen« – so munkelte man in Karolinenthal – war, das sich beim Versteckenspielen gern unter sie gekauert hat? Wissen sie vielleicht, was aus all den ausgelassenen Jungen und Mädchen geworden ist, die hier herumtobten, während ihre Eltern oder erwachsenen Geschwister für 50 Heller die

Stunde ein Stühlchen aus der langen Reihe auf dem schattigen Parkweg mieteten, gelangweilt auf sie aufpaßten oder angeregt mit einem Nachbarn auf dem Nebenstühlchen Gott und die Welt beredeten? Die Invaliden in den himmelblauen Uniformen durften sich, so verfügte die städtische Behörde, umsonst auf einem solchen Sesselchen niederlassen. Sofern sie nicht an einen Rollstuhl gefesselt waren, den wir Kinder manchmal »herumchauffieren« durften. Ach du mein liebes Prag von damals!

Beim Weitergehen fiel mir auf, wie schön doch die Bürgerhäuser in diesem Stadtviertel sind, mit sorgfältig erwogenen und ausgeführten Verzierungen an den Fassaden und würdevoll verzeichneten Gründerjahren, zumeist über einem schweren, oft kunstvoll geschnitzten Eingangstor. Auch diese Häuser könnten allerhand erzählen. Sie wurden noch in Österreich-Ungarn errichtet, haben 1918 die Ausrufung der Tschechoslowakischen Republik miterlebt und die Hoffnungen in den ersten Jahren des jungen Staates. Dann standen sie 1938 mit einemmal über Nacht, als der Staat zum erstenmal von einer fremden Macht besetzt wurde, in einem »Protektorat Böhmen und Mähren«, zum Teil in willkürlich umgetauften Straßen. Nach diesem unseligen Kapitel kehrten die ursprünglichen Namen, die aus der ersten Republik, auf die Straßenschilder zurück. Aber nicht für lang. Nun entstand vorerst die Tschechoslowakische Volksdemokratische Republik, was in den offiziellen Benennungen nur einen geringen Widerhall fand. Den gab es erst, als die Tschechoslowakische Sozialistische Föderative Republik deklariert wurde. Allein, auch das war noch nicht das Ende. Meine Heimat wurde im Jahr 1968 ein zweites Mal von einer fremden Macht okkupiert, diesmal zunächst ohne Umbenennung. Die ließ jedoch nicht lange auf sich warten. Seit sich etliche Jahre später unsere beiden miteinander verquickten und nun wieder freien Völker trennten und die Slowaken ihren eigenen Staat gründeten, lebe ich nunmehr in einer Tschechischen Republik, kurzerhand auch Tschechien genannt. Närrisch? Vielleicht. Aber so ergibt sich das eben in unserem unzerstörbaren Prag.

Alle diese Umstürze und Namensänderungen haben die stattlichen Bürgerhäuser in Karlín ruhig über sich ergehen lassen. Ich betrachtete sie bei meinem jetzigen Besuch mit Respekt und ein wenig neidvoll. Denn mich haben die fortlaufenden Umbenennungen, vor allem jedoch die sie hervorrufenden Umschwünge nicht nur um meine Ruhe, sie haben mich auch um manch ein Stück meines Lebens gebracht.

Als ich in solche Gedanken versunken meinen Weg fortsetzte, kam ich an einem Haus vorbei, an dessen wackligem dunkelbraunem Tor zwei Bekanntmachungen befestigt waren; die eine auf einem weißen und die andere auf einem gelben Zettel. Ich trat näher. Der weiße Anschlag verkündete, daß in dem Gebäude im Laufe der nächsten Woche zwei Tage lang kein Wasser fließen werde, die Kanalisation müsse kontrolliert werden. Der andere besagte, daß demnächst im Keller erneut eine Rattenvergiftung durchgeführt werden müsse. Ich trat ein wenig zurück, blickte hoch und sah in einem Fenster im ersten Stockwerk einen Blumentopf mit einer tapfer rosarot blühenden Pflanze. Also ist das Haus nach umfassender Evakuierung während der Überschwemmung von neuem bewohnt. Mit Unterbrechung der Wasserversorgung und wiederholter Rattenvergiftung. Und einer sorgfältig ins Fenster gestellten blühenden Pflanze.

Ich marschierte weiter, wollte vor allem mein Geburtshaus sehen, wollte mich vergewissern, daß es noch da ist. Unterwegs kam ich am einstigen Straßenbahndepot vorbei, das nunmehr über der Einfahrt ein Firmenschild des Giganten Mercedes ziert. Die rotweißen Trambahnen, die hier während meiner Kindheit ihr Nachtquartier hatten, wurden offenbar schon vor längerer Zeit umgesiedelt und können von Glück reden. Ob Mercedes von den Fluten betroffen wurde, entzieht sich meiner Kenntnis.

Auf der anderen Straßenseite, schräg gegenüber der einstigen Remise, steht jetzt ein Neubau der Hotelkette Ibis. Auf dem Gehsteig davor bot eine Tafel Zimmer pro Nacht für »nur« 2490,– tschechische Kronen an, auch Räumlichkeiten für Konferenzen, Familienfeste etc. Über dem Hoteleingang flatterten Fahnen aller Herren Länder. Das freute mich: Mein Karlín hat sich offensichtlich von der Katastrophe erholt und lebt wieder. Sogar international.

Die Konditorei Hanka mit ihren köstlichen Schlagsahneröllchen, ein Paradies meiner Kindheit, gibt es natürlich nicht mehr, ebensowenig wie den Kolonialwarenladen Šíma. Wie und wann die elterliche Eisenwarenhandlung ihr endgültiges Ende fand, habe ich nie erfahren. Mein Geburtshaus, in dem sie sich befand, gehörte, als wir dort lebten, einer Sodawasser- und Kleingebäck-Fabrik. Die Firma hieß Dr. F. Zátka A. G. Nun stand ich vor dem Gebäude.

Nein, ich stand nicht davor. Ich stand vor einem Meteor Office Building mit einer funkelnagelneuen, blitzsauberen zitronengelben Fassade, mit einer modernen, mit Glas oder irgendeinem transparenten Kunststoff verkleideten Einfahrt. Alles sachlich, eingestellt auf business ohne Zeitvergeudung.

Hier sind meine Eltern ein- und ausgegangen? Hier hat

uns die Großmama besucht und meine ältere Schwester ihre Verlobung gefeiert? Von hier aus habe ich meine kleine Schwester zum erstenmal in die Schule geführt? Hier ...

Hier stand noch vor kurzem ein grausig überflutetes altes Haus. Die Firma Meteor hat es bewundernswert schnell instand gesetzt. Also was?

Also glaube mir, Geburtshaus, daß ich dir alles Gute wünsche, eine in jeder Hinsicht trockene Existenz, tunlichst ohne jegliche Art schmutziger Wäsche. Das bist du mir nämlich schuldig, Meteor, denn ich bin hier im zweiten Stockwerk auf die Welt gekommen.

Wo steckt wohl mein Getreuer, der gleichzeitig an drei Tischen sitzt? Gerade jetzt sollte er sich zeigen, denn ich möchte ihn ersuchen, diesen Meteor nicht aus den Augen zu lassen. Ein richtiger Prager Geist würde ihm, davon bin ich überzeugt, durchaus zugute kommen.

Es fiel mir auf, wie wenigen Menschen ich diesmal in Karolinenthal auf der Straße begegnete. Einigen älteren Männern und Frauen, die mit Einkaufstaschen am Arm ängstlich zwischen Schotterhaufen, überall gestapelten glänzenden Kupferrohren, vielfarbigem Schlauchzeug, aufgeworfenen oder frisch zugeschütteten Löchern balancierten. Dazwischen eilten verschiedene junge Personen, die hier gleichfalls zu Fuß gehen mußten und nicht wie gewohnt hinter dem Lenkrad eines Autos sitzen konnten. Gab es wirklich nur ein paar Straßen weiter den alltäglichen Großstadtrummel, der das Zwischenspiel der Hochwasserkatastrophe erfolgreich zu verdrängen verstand? Alle Kellerluken in der Sokolovská, auch die Fenster in den Erdgeschossen, sind gründlich vergittert, die meisten, wie man erkennen konnte, wohl erst in letzter Zeit. Kaum war die unmittelbare Ertrinkungsgefahr vorbei, fanden sich Menschen, die in den leerstehenden Häusern und offenstehenden Läden schamlos plünderten. Selbst die Kirche auf dem Karlíner Stadtplatz mußte mit völlig schmucklosem, rein zweckmäßigem wuchtigem Gitterwerk versehen werden.

Das nächste Ziel meiner ungewöhnlichen Stadtbesichtigung war die kleine Synagoge Karolinenthals. Als ich vor Jahren nach meiner Heimkehr aus dem Exil, schließlich nach meiner Entlassung aus einem Prager Gefängnis und meiner endgültigen Rückkehr in die Heimatstadt – wieviel dramatisches Geschehen in einem einzigen Satz! – zum erstenmal etwa im Jahr 1960 Karlín besuchte, war in der Synagoge der Ökumenische Rat von Prag untergebracht. Warum auch nicht, dachte ich bei dieser Feststellung, jüdische Bürger gibt es ja kaum noch in dem Stadtviertel, und so dient das bescheidene Haus einer anderen Glaubensgemeinschaft. Als ich nun in die kurze Gasse einbog, erinnerte ich mich, bei meinem ersten Besuch in dem kleinen Vorhof von einem schwarz-weißen Kätzchen begrüßt worden zu sein, das schnurrend um meine Füße strich. Auch ein farbenfrohes bescheidenes Blumenbeet schmückte den winzigen Hof. Meine ganze Erinnerung von damals war irgendwie freundlich, beruhigend, beinahe heiter. Auch ein bißchen überraschend an so einem Ort. Was würde ich diesmal vorfinden?

Das alte Gebäude steht weiterhin da, anscheinend sogar unversehrt, mit einem Schild am Eingangstor, dem ich keine besondere Aufmerksamkeit schenkte. Ich war zufrieden, daß es sich aufstoßen ließ, und betrat beinahe ungeduldig den bescheidenen Hof. Aber – kein Kätzchen, keine Blümchen. Ich stand in einem kahlen, nicht sehr sauberen Viereck. Nun ja, nach dem Hochwasser! Schon wollte ich umkehren, da bemerkte ich an der verschlossenen rotbraunen Tür der Synagoge eine Tafel mit einer verblüffenden Bekanntmachung: »Auslieferung der Urnen jeden Donnerstag.« Urnen? Über religiöse Gepflogenheiten, Rituale und Gesetze weiß ich nur sehr mäßig Bescheid, aber diese Aufschrift, so viel wußte ich doch, konnte mit einer Synagoge kaum etwas gemein haben.

Verwundert kehrte ich auf die Straße zurück. Und nun las ich, auch jetzt verblüfft, was auf der Tafel an dem Eingangstor angeschrieben stand: »Korean Church« war da zu lesen und auf einer zweiten Zeile in tschechischer Sprache: »Vereinigung für gesellschaftliche Veränderungen in Afrika, Asien, Lateinamerika«.

Man zeige mir eine andere Stadt, die mit stiller Selbstverständlichkeit solche Überraschungen hervorzaubern kann. Ich weiß natürlich, daß Gotteshäuser im Laufe der Geschichte wiederholt gestürmt, geplündert, niedergebrannt und vernichtet werden. Mitunter werden sie auch zu geradezu absurden, profanen Zwecken mißbraucht. Als Warenlager kaum noch verwendbarer Lebensmittel oder als Nachtasyl für Obdachlose, was immerhin ein wenig annehmbarer ist. Man muß da leider nicht allzuweit zurückblicken, kann getrost in unserem Alltag verweilen. Allein eine derartige Umkrempelung, wie ich sie nun vor mir sah, scheint mir dennoch bemerkenswert zu sein. Ich habe keine Ahnung, wie viele Koreaner in Prag diese Gebetsstätte benötigen und aufsuchen. Ich kann mir auch nur schwer vorstellen, wie man von der Karolinenthaler Synagoge aus gesellschaftliche Veränderungen in Afrika,

Asien und Lateinamerika erfolgreich in die Wege leiten kann. Sollte es freilich gelingen, könnte mein Karlín zufrieden sein, einem solchen, hoffentlich eindeutig menschenfreundlichen Vorgehen Gastrecht eingeräumt zu haben. Das alles ist freilich ein bißchen närrisch, in Prag allerdings, wenn man versucht, diese Stadt richtig zu verstehen, nicht völlig überraschend.

Gegenüber der in der Synagoge untergekommenen Korean Church steht das einladende Gebäude eines Bonsai Hotels und Restaurants. Das schien mir nun nicht weiter auffallend, eher ganz natürlich zu sein.

Nach meinem langen, keinesfalls eintönigen Weg über die zahlreichen Höcker und Löcher, durch den zudringlichen weißlichen Staubschleier, gegen den man sich nicht wehren konnte, begann ich mich nach einem Verkehrsmittel umzusehen. Dafür mußte ich allerdings noch ein beträchtliches Stück weiterlaufen. In der langen Straße mit nur wenigen erneut eröffneten Läden und etwas mehr Gaststätten kam ich immer wieder an großen klaffenden Lücken vorbei, wo noch vor kurzem Häuser gestanden hatten. Sie wurden vom Wasser gnadenlos vernichtet. Eine solche ziemlich ausgedehnte Straßenwunde fesselte mich besonders. Denn an ihrem unteren Ende stand das elegante Gebäude eines Hilton Hotels. Als es hier in der Nähe des lieblichen Moldauflusses entworfen und projektiert wurde, konnte niemand ahnen, daß eines Tages die Zimmer einer ganzen Seitenfront einen einzigartigen Ausblick bieten würden. Auf Stümpfe und Überreste eingestürzter oder niedergerissener Häuser, auf eine Art Schlachtfeld zwischen (»... wehe, wenn sie losgelassen ...«) den Kräften von Natur und Mensch. Etwas so Seltenes könnte unter Umständen vielleicht sogar einen besonderen Zuschlag zum üblichen Zimmerpreis rechtfertigen. Verrückt? Aber ich bitte Sie, in Prag …

Seit ich meinen Lesern das »Traumcafé einer Pragerin« vorstellte, in dem ich einige namhafte Schriftsteller und Künstler aus ihrem Jenseits wachrief, habe ich eine gewisse Scheu, Franz Kafka zu erwähnen, der selbstverständlich zu den Gästen meines überirdischen Prager Kaffeehauses zählt. Ich werde nämlich immer wieder gefragt oder lese manchmal in einer Zeitung, wie gut ich den Dichter gekannt habe, und obwohl ich gewissenhaft und geduldig stets von neuem betone, daß ich acht Jahre alt war, als Kafka starb, wird dieser alles über unsere niemals stattgefundene Bekanntschaft besagende Umstand oft nicht zur Kenntnis genommen. »Nun gut. Aber vielleicht können Sie mir sagen, welchen Eindruck er auf Sie gemacht hat«, beharrte einmal eine Journalistin, von meiner Erklärung unbeeindruckt, auf ihrem geplanten Konzept.

Ich habe ihn also nicht gekannt, den großen Dichter, kann aber nicht umhin, ihm in Prag stets von neuem zu begegnen. Manchmal ganz zufällig, manchmal, dazu bekenne ich mich, suche ich solche Begegnungen bewußt.

Eines Tages ergab es sich, daß ich von einem tschechischen Fernsehteam aufgefordert wurde, etwas über die vielseitige interessante Persönlichkeit des Prager Künstlers, Schriftstellers, Rechtsanwalts und Diplomaten Adolf Hoffmeister zu erzählen, den ich wirklich recht gut gekannt habe. Für unser Gespräch wählte der Regisseur das Café Arco, in dem, wie allgemein bekannt, tschechisch und deutsch schreibende Prager Schriftsteller bis zum Ausbruch des zweiten Weltkrieges ihre Zusammenkünfte hatten, bei denen auch Hoffmeister oft anzutreffen war.

»Das Arco gibt es also wieder?« freute ich mich, von diesem Vorschlag sehr angetan.

»Ja. Ich war auch noch nicht dort, es wurde nach längerer Rekonstruktion vor kurzem erst neu eröffnet«, lautete die Antwort des Regisseurs.

Neugierig und gleichzeitig mit einem ein klein wenig sonderbaren Gefühl betrat ich an dem vereinbarten Drehtag den Vorraum des Cafés. Hier also pflegten sie zusammenzukommen, die tschechischen und deutschen Autoren von Prag. Das renovierte Kaffeehaus ist verhältnismäßig stilgerecht eingerichtet, mit braunen Möbeln und dunkelblauen Vorhängen vor den Straßenfenstern. An den kleinen Tischen und auf den Holzstühlen konnte ich mir die debattierenden Meister ganz gut vorstellen.

Die Fernsehleute hatten einen Ecktisch gewählt, es war neun Uhr morgens, und das ganze Lokal war noch leer. Wir waren die einzigen Gäste. Aber als die Zeit ein wenig vorrückte, bemerkte ich zu meiner Verwunderung, daß das Personal begann, die Tische mit weißen Tischtüchern zu bedecken, was in Prager Cafés eigentlich nicht üblich ist. Einem Kollegen vom Fernsehen fiel mein erstauntes Gesicht auf, und er sagte: »Hier gibt es jetzt eine Betriebskantine. Was Sie sehen, sind die Vorbereitungen für die Mittagsgäste.«

»Eine Betriebskantine im Arco? Für wen?«

»Für Angestellte der Polizei.«

Ich fiel beinahe vom Stuhl.

»Für die Polizei? Im einstigen Stammcafé von Kafka?«

Alle lachten, fanden es genauso eigenartig. Inzwischen waren wir mit unserer Arbeit fertig, aber ich beschloß, noch dazubleiben, wollte die neuen Stammgäste sehen.

Die kamen auch pünktlich um elf Uhr. Ich kann bis

heute nicht verstehen, warum Mittagessen in Betriebskantinen für Büroangestellte, die ja ihre Arbeit nicht in den frühesten Morgenstunden beginnen, schon am Vormittag serviert wird. Aber so ist das nun einmal. Der Raum füllte sich zur gegebenen Stunde mit adrett gekleideten jüngeren Frauen und kräftigen Männern, nur da und dort zeigte sich eine Uniform. Ich lauschte unverschämt den Tischgesprächen und merkte, daß die Kostgänger einander mit ihren Dienstgraden ansprachen. Herr Leutnant, Herr Kommandant, Frau Untersuchungsreferentin. Ansonsten war es das übliche Pausengeschwätz.

Als ich meinen Tisch in der Ecke verließ und dem Ausgang zustrebte, hoben alle wie auf ein Kommando den Kopf und blickten mir nach. Wieso war diese Person hier? Die ist doch nicht von der Polizei.

Nein, ich war in der Tat nicht von der Polizei, und der einstige, inzwischen weltberühmte Stammgast dieses Lokals, aber auch etliche seiner damals hier verkehrenden Freunde, sie alle hätten gleich mir gestaunt und vielleicht auch gelächelt bei der Feststellung, daß eine Polizei ausgerechnet hier ihre Betriebskantine eingerichtet hat.

Als ich den Vorraum durchquerte, bemerkte ich, was ich am Morgen übersehen hatte. Eine kleine Vitrine zeigte hinter Glas Kafkas Werke in verschiedenen Sprachen. Für wen wohl, überlegte ich. Die Mittagsgäste waren in Eile, hatten offenbar dringende Verpflichtungen und Sorgen, wußten wahrscheinlich nicht einmal …

Das Wesen, das gleichzeitig an drei Tischen zu sitzen pflegt, zu dieser Stunde saß es hier an keinem.

Ein in Prag schon längere Zeit wirkender Korrespondent einer ausländischen Presseagentur erzählte mir, er habe eines Tages mit einem zu Besuch in unserer Stadt weilenden Kollegen dringend ein Telefongespräch erledigen müssen und, wie das vorzukommen pflegt, gerade in diesem Augenblick kein Handy bei sich gehabt. Er blickte sich suchend um und stellte fest, daß sie direkt vor dem Café Arco standen.

»Wir haben Glück«, meinte er zufrieden. »Hier war in den dreißiger Jahren das berühmte Stelldichein der tschechischen und deutschen Schriftsteller von Prag. Da drin muß es ja wohl ein Telefon geben.«

Die beiden eilten zu dem Eingang.

Und richtig! In dem Vorraum, den sie betraten, befand sich an der Wand ein Telefonautomat. Sie lasen aufmerksam die Gebrauchsanweisung, steckten die vorgeschriebene Anzahl von Münzen in den dafür bestimmten Metallspalt, der schluckte sie auch – und nichts geschah. Also schlugen sie auf das Ding ein, und als es darin zu rasseln begann, wiederholten sie ihren Versuch, opferten einige weitere Münzen. Ein Erfolg blieb abermals aus.

Während der ganzen Zeit beobachtete die beiden bei ihrem Unterfangen eine Frau, die in dem Vorraum den Dienst versah. Nun kam sie näher.

»Sie wollen telefonieren?« erkundigte sie sich völlig überflüssig, denn sie sah ja, was da vor sich ging. »Haben Sie die richtige Anzahl von Münzen hineingesteckt? Probieren Sie es noch einmal.«

Der Apparat bekam eine weitere Zuteilung, schluckte auch diese, ansonsten geschah wiederum nichts.

Nun trommelte auch die Frau ein bißchen an dem Kasten herum, ließ es nach einer Weile sein, blickte die beiden jungen Männer freundlich an und erklärte mit einem treuherzigen Lächeln: »Das Ding funktioniert schon lange nicht. Da ist nichts zu machen.«

»Aber Sie haben doch selbst gesagt«, staunte der Prager Korrespondent, »und Sie haben ja auch selbst versucht ...«

»Nichts zu machen, hier bei uns im Arco«, wiederholte sie freundlich. »Das Ding funktioniert schon lange nicht, und wann es jemand reparieren kommt, weiß niemand.«

»Mein Kollege war richtig beeindruckt«, erzählte mir der bei uns schon längere Zeit wirkende Auslandskorrespondent, »er freute sich geradezu, daß ihm so etwas in Prag passiert ist und noch dazu im einstigen Café Franz Kafkas.«

Als gebürtige Pragerin, und nun auch noch zu meiner aufrichtigen Freude als Ehrenbürgerin dieser schönen, launenhaften und unberechenbaren, zu sich selbst jedoch immer wiederkehrenden Stadt, weiß ich mit Sicherheit, daß ich von ihr nie ganz loskommen kann, daß meine oft überraschenden, unvorhergesehenen guten und schlimmen Erlebnisse auf undefinierbare Weise stets irgendwie mit meiner Herkunft aus Prag einen Zusammenhang haben. Mit seinen verschiedenartigen Elementen, Einflüssen, Farben und Klängen, mit den Licht- und Schattenseiten meiner Verwurzelung gerade hier. Mit dem beruhigenden Bewußtsein meiner Zugehörigkeit und festen Verankerung in Prag. Wohin auch immer es mich im Laufe meines langen Lebens verschlagen hat und, wer weiß, vielleicht noch verwehen kann – überall nehme ich mit meinen Prager Augen wahr, nehme mit meinem Prager Verstand und Herz auf.

Dem ist wirklich so. Zum letzten Mal, nun, sagen wir vorsichtshalber zum vorletzten Mal, habe ich mich davon weitab in Afrika, in der Republik Senegal, überzeugen können.

Als mich am Anfang des Jahres 2003 eine Einladung der tschechischen Botschaft in Dakar erreichte, mit dem Vorschlag, ich solle in der senegalesischen Hauptstadt eine Ausstellung der jüdischen Literatur von Prag eröffnen und bei dieser Gelegenheit im dortigen Goethe-Institut und an der Universität aus meinen Büchern lesen, wollte ich zuerst meinen Augen nicht trauen. Gibt es so etwas überhaupt? Und kann ich in meinem beträchtlich vorgerückten Alter eine so abenteuerliche Reise und kaum weniger abenteuerliche Verpflichtung überhaupt noch wagen? Eine so seltsame Aufgabe verantwortlich übernehmen?

Meine Tochter war sehr beunruhigt, auch viele meiner Freunde rieten mir energisch ab. »Du willst wirklich nach Afrika fliegen? In Senegal gibt es das Gelbfieber. Hier ist jetzt Winter, dort ist es heiß. In deinem Alter …« Man hielt mich im allgemeinen für ein bißchen verrückt. Dem konnte ich nicht vollauf widersprechen, sagte dennoch zu. Und begann mich zu freuen.

Als dann eines Tages ein Flugzeug mit mir an Bord in Brüssel zum Direktflug nach Dakar abhob, hatte ich nach langer Zeit wieder einmal das kribbelige Gefühl, an der Schwelle eines kostbaren Erlebnisses zu stehen, und versprach mir selbst, alles werde gut ausgehen.

Neben den meisten weißen Passagieren bewegten sich auch einige würdevolle Gestalten dunkler Hautfarbe in langen wallenden kaffeebraunen Gewändern durch den gedrängt vollen Raum des Flugzeuges. Ich beobachtete, daß sie von zahlreichen Mitreisenden respektvoll gegrüßt wurden.

Neben mir war ein Platz frei.

»Madame«, sprach mich mit einemmal ein älterer Reisegenosse dunkler Hautfarbe, westlich gekleidet, aber mit einem kunstvoll geflochtenen grauen Zöpfchen auf dem Kopf, französisch an und ließ sich auf dem freien Platz nieder. »Fliegen Sie nach Dakar oder noch weiter?«

»Nach Dakar.«

»Ah, da wird Sie mein Projekt interessieren!« Und er teilte mir ausschweifend mit, in seinem Heimatdorf im Senegal eine Schule für die Jüngsten zu unterhalten, wofür er natürlich viel Geld benötige …

»Pardon, Madame«, unterbrach er mit einemmal seine Ausführungen, »woher kommen Sie? Aus Frankreich?«

»Nein, aus Prag, Tschechische Republik.«

»Parfait! So ein riesiges und reiches Land! Da kann ich bestimmt mit Ihrer Großzügigkeit und Ihrem Verständnis rechnen. Ich benötige nämlich dringend …«

»Mit meinem Verständnis gewiß«, unterbrach ich ihn. »Das ist leider aber auch alles.«

Er verzog sich grußlos und enttäuscht. Das war übrigens das einzige Mal während der ganzen Reise, daß ich mit einem derartigen Versuch belästigt wurde.

Als ich auf dem kleinen Bildschirm vor meinen Augen die Flugstrecke verfolgte und feststellen konnte, daß gerade tief unter uns Casablanca lag, wo ich während meiner Exilzeit ein halbes Jahr einen zwar unfreiwilligen, aber dennoch unvergeßlichen Aufenthalt verlebte, wurde ich richtig nostalgisch. Casablanca … Aber jetzt war ich nach Dakar unterwegs. Wie schön, ein weiteres Stückchen Welt erleben zu dürfen!

Der Flug verlief reibungslos, ich kam gut an und wurde im chaotischen Durcheinander auf dem Flughafen in Dakar von einem netten und, wie sich im Laufe der nächsten Tage herausstellte, auch sehr tüchtigen jungen Mitarbeiter unserer Botschaft abgeholt. Mein afrikanisches Abenteuer nahm einen vielversprechenden Anfang.

Die Botschaft der Tschechischen Republik, in der ich untergebracht war, steht im Diplomatenviertel der senegalesischen Hauptstadt. Alles ringsum ist sauber, die Gärten sind gut gepflegt, die Objekte ständig bewacht, kaum jemand zeigt sich auf der Straße.

Durch solch ein elegantes Stadtviertel wurde ich vor Jahren in Casablanca als elender europäischer Flüchtling mit vielen Menschen gleicher Art verfrachtet, sah nur, was an den Fenstern des Polizeibusses vorbeiflitzte. Ein märchenhaftes Stück Welt, unerreichbar, was freilich bei Märchen nicht weiter verblüffend ist.

Diesmal war ich jedoch ein respektabler Gast und mußte mich innerlich erst einmal auf diesen für mich grundlegenden Umschwung einstellen. Das gelang mir ganz mühelos, als mich mein Betreuer am nächsten Morgen, ehe meine offiziellen Verpflichtungen einsetzten, an der Meeresküste entlangfuhr. Als ich nach langer Unterbrechung wieder einmal die salzige Luft einatmen konnte, vor meinen Augen die unendliche Weite des Ozeans, das ewige Auf und Ab blaugrüner Wellen mit schäumenden Gischtkämmen, die zügellose Ungebundenheit der Natur, deren Bestandteil wir kleinen Menschen sind: In dieser Stunde bedrängte mich nicht, was es im Laufe der Jahre alles gegeben hat, und ich fürchtete auch nicht, was es noch alles geben könnte. Vor mir war das Meer und erweckte in mir einen Augenblick ungetrübten Glücks.

Das Goethe-Institut, in dem ich am nächsten Tag die Ausstellung der Prager jüdischen Literatur eröffnen und meinen ersten Auftritt haben sollte, befindet sich im Zentrum der Stadt, in einem in üblicher Weise lärmenden, übervollen Straßengewirr. Der mittelgroße Vortragssaal des Instituts füllte sich zusehends. An den Wänden hingen großformatige Bildtafeln mit den Porträts und kommentierten Buchtiteln der vorzustellenden Autoren.

Ich betrachtete die hereinströmenden Menschen weißer und schwarzer Hautfarbe und wurde unruhig. Wie kann ich diesen Afrikanern verständlich machen, daß ich aus einem kleinen Land in Europa komme, nicht mehr als einem Pünktchen auf der Landkarte. Es heißt Tschechische Republik, ich soll jedoch deutsch zu ihnen sprechen und sie auf die Literatur jüdischer Bürger dieses fernen Staates hinweisen.

Da habe ich mir ja wieder einmal etwas ganz Besonderes eingebrockt!

»Na, Egonek«, rief ich in dieser Lage im Geist meinen guten alten Freund, Prager und Versailler Nachbarn und Exilkollegen in Mexiko, Egon Erwin Kisch an, »daß ich dir eines Tages gerade hier begegnen werde, hätten wir uns kaum träumen lassen, was? Für dich, den rasenden Reporter und Weltenbummler mit dem jetzt auch schon kosmischen Überblick, mag das nicht so verwunderlich sein, aber ich komme aus dem Staunen nicht heraus. Du hängst da, mit Verlaub, in guter Gesellschaft und natürlich mit einer Zigarette im Mundwinkel ganz zufrieden an der Wand, aber ich muß den Menschen hier über dich und deine werten Prager Kollegen etwas erzählen, und niemand steht mir bei dieser heiklen Aufgabe bei.

Warum setzt du die Brille auf und ziehst die Stirn in Falten? Etwas gefällt dir nicht? Hab keine Angst, ich werde schon richtigstellen, daß du deine Werke in den letzten Lebensjahren nicht tschechisch geschrieben hast, wie hier in dem Kapitel über dich zu meinem Erstaunen zu lesen ist, sondern daß deine Bücher, als du nach Kriegsende schließlich heimkehren konntest, nun natürlich in die tschechische Landessprache übersetzt wurden. Auch einen weiteren Irrtum, der dich schon in Mexiko geärgert hat, werde ich bereinigen. Gustav Meyrink, der von dir hochgeschätzte Autor des Romans ›Golem‹ über das gespenstische Wunderwesen, das der sagenhafte Rabbi Löw erdacht haben soll, war kein Jude, wie oft und wiederum auch hier behauptet wird. Eigentlich hätte er in diese Ausstellung jüdischer Autoren gar nicht eingereiht werden sollen. Aber, Egonek, und das flüstere ich nur dir zu: Es ist doch großartig, daß in Dakar eine solche Prager Exhibition überhaupt stattfindet. Oder glaubst du, daß im Zusammenhang mit unserer Stadt, zu deren Ratsmitglied du ja im Krisenjahr 1938 gewählt wurdest, daß also eine solche Ausstellung über ein besonderes Kapitel der Literatur von Prag selbst weitab in Afrika nicht weiter erstaunlich ist?«

Das zu meiner Lesung nach der glücklich überstandenen Eröffnung der Ausstellung überraschend zahlreich erschienene Publikum war vielschichtig. Weiße und schwarze Menschen, auffallend viele junge. Die waren zumeist Germanistikstudenten an der hiesigen Universität. Eine Gruppe von Mädchen hatte für diese Veranstaltung Goethes »Erlkönig« einstudiert und trug die düstere Dichtung nicht nur in respektabel gutem Deutsch vor, sondern danach auch noch sehr temperamentvoll in einer Übersetzung in die senegalesische Stammessprache Wolof. Ich lauschte, staunte – warum gerade dieses traurige Poem? –, und es tat mir ein bißchen leid, ein solches einzigartiges Erlebnis nur allein zu genießen. Jetzt hätte ich einen lebendigen Prager Kisch gern an meiner Seite gehabt.

Der junge Diplomat, der sich mir während meines ganzen Aufenthaltes in Dakar widmete, machte mich auch mit seiner Gattin und seinen beiden kleinen Söhnen bekannt. Der größere Junge, noch keine zehn Jahre alt, war blond und helläugig, das jüngere lebenssprühende Kerlchen hatte eine schöne bronzefarbene Haut, Augen wie zwei schwarze Kirschen, ein mit krausem dunklem Haar bedecktes Köpfchen. So sieht kein böhmischer Junge aus. Die Umgangssprache in der Familie war Tschechisch. Als ich bereits zwei Tage da war und wir uns schon angefreundet hatten, vertraute mir mein aufmerksamer Begleiter an, der lebhafte Kleine sei von ihm und seiner Frau im Alter von nur elf Monaten in Prag adoptiert worden. Aus einem Heim für Kleinkinder. Von seiner Mutter wisse man wenig, von seinem Vater so gut wie nichts. Da war ich ein wenig stolz auf meine jungen Landsleute, das sympathische Ehepaar. Die beiden meisterten nicht nur sprachgewandt ihre diplomatischen Verpflichtungen – vor dem Senegal z. B. an der Elfenbeinküste –, sie haben überdies still und selbstverständlich einen kleinen Menschen seinem leeren Nichts entrissen.

Ich war in Dakar, so fürchte ich, ein etwas ausgefallener Gast, hatte nicht nur die üblichen touristischen Interessen, sondern meldete noch weitere, eher ungewöhnliche an. Mein Betreuer hatte auch für meine besonderen Wünsche

Verständnis. Er fuhr und lief mit mir auf meine Bitte wiederholt an der unsagbar schönen Ozeanküste entlang, an der ich mich nicht satt sehen konnte. Wir machten auch einen Abstecher in die Touristensphäre, fuhren mit dem Aufzug in die oberste Etage eines ganz feinen Hotels, um den großartigen Ausblick von dort bis ... ja bis wohin? ... zu genießen.

»Auf dieser geographischen Breite, am anderen Ende des afrikanischen Kontinents, liegt Ägypten«, erklärte mir mein Begleiter und wies in die schimmernde, sonnendurchflutete Weite.

»Und der Irak?«

»Ja, auch der Irak.«

Zu jenem Zeitpunkt war der Krieg dort noch nicht ausgebrochen, nur seine unmittelbare Drohung verdüsterte schon den Horizont.

Wieder unten, tranken wir im Gästegewimmel in der phantasielos komfortablen Hotelhalle mit zahlreichen in der Hitze vor sich hin dösenden Touristen und einer auffallend großen nimmermüde herumtobenden Kinderschar schnell ein kaltes Mineralwasser und begaben uns zu unserem nächsten Programmpunkt, der lautete: Besichtigung des Ethnographischen Museums.

Diesem Besuch sah ich gespannt entgegen. Mit der Gedrängtheit und europäischen Versonnenheit Prags vertraut, freute ich mich auf die Zügellosigkeit der afrikanischen Phantasie. Und in der Tat: Hier standen, hockten und umgaben mich Gestalten wie aus Tausendundeiner Nacht. Masken, Trommeln, Waffen, bunte Perlen und ein Reichtum an fremdartigen Geweben. Bei der Bekleidung und Ausschmückung symbolischer Figuren kennt die Phantasie der Senegalesen keine Grenzen.

»Und wann gehen wir in die Favela?«

Beim Verlassen des Museums wiederholte ich meinen seit den ersten Stunden meines Aufenthaltes starrköpfig vorgebrachten Wunsch.

»Morgen oder übermorgen, wie es uns das Programm erlaubt. Haben Sie keine Angst, ich bringe Sie bestimmt dorthin.«

Als man mich nach meiner Ankunft nach etwaigen besonderen Wünschen befragt hatte, betonte ich, auch die Kehrseite der interessanten, von Menschen verschiedenster Art wimmelnden Stadt kennenlernen zu wollen, das Elendsviertel, die Favela.

Vorher genoß ich noch an einem Abend die Gastfreundschaft des Botschafters von Österreich und die hervorragende Küche seiner Gattin. Zu dieser Lesung versammelte sich in der großen Halle der schönen Residenz eine hochrangige Gästemenge. Elegante schwarze und weiße Damen, Universitätsprofessoren, Diplomaten, höhere Beamte, Künstler. Durchwegs aufmerksame Zuhörer mit interessanten Fragen und Überlegungen zu meinem vorgelesenen »Traumcafé«. Es freute mich natürlich auch, zu hören, wie die anwesenden Exzellenzen von Prag geradezu schwärmten. »Eine wunderschöne Stadt«, meinten sie, »mit einer bewegenden Geschichte. Jetzt haben Sie ja auch einen vortrefflichen Präsidenten.« Das galt dem Schriftsteller Václav Havel. Es war ein allseits erfreulicher und angenehmer Abend.

»Und wann gehen wir in die Favela?« fragte ich auf dem Heimweg.

»Morgen.«

Mit Elendsvierteln hatte ich schon einige Erfahrungen, ging dort während meines Kriegsaufenthaltes in Casablanca ein und aus, kannte sie auch in der Metropole Mexikos. Seither sind viele Jahre vergangen, die Wissenschaft hat bahnbrechende neue Entdeckungen gemacht, kann heutzutage alles berechnen, vieles aufschlüsseln und vorhersagen, Gefährliches verhüten. Und dennoch ...

Es erschüttert mich immer von neuem, wenn ich auf dem Bildschirm meines Fernsehgerätes eine hoffnungslos lange Menschenschlange mit halb oder schon beinahe ganz verhungerten Kindern sehe, meistens irgendwo in Afrika oder sonstwo in weiter Ferne, wie sie mit einem hübschen Eimer aus buntem Kunststoff in der Hand nach ein bißchen Essen oder Trinkwasser anstehen. Mit praktischen Gebrauchsgegenständen ist offenbar überall und unter allen Umständen business zu machen.

Nun lernte ich in Dakar Claudia kennen, eine junge Österreicherin, die in Senegal beim Goethe-Institut mitarbeitet, vor allem aber ein ganz anderes Anliegen hat. Sie ist in der senegalesischen Hauptstadt das Herz einer Organisation für die Bekämpfung des Analphabetismus. Ich erfuhr, daß mehr als 60 Prozent der gesamten Bevölkerung des Landes weder schreiben noch lesen können. Über die Hälfte aller Bürger!

Claudia fuhr mit uns in die Favela.

Die Straße, durch die wir uns bewegten, ist von Sand bedeckt. Von der Küste wird ständig mehr davon herangeweht. Im Sand liegen Kinder, laufen Ziegen umher, ein kleines Pferd scharrt mit den Hufen, eine alte blinde Frau sitzt bewegungslos da. Männer hocken in dem Sand, einer schlägt gerade unter einem verkümmerten Baum sein Wasser ab, ein Stückchen weiter tut ein Junge dasselbe. Daneben stillt eine schöne junge Mutter ihr Baby. All das wiederholt sich endlos: Sand, Tiere, Menschen. Heute, morgen, seit Jahren. So ist es hier, so war es immer, so wird es …

»Claudia, kann dagegen etwas getan werden?«

Sie schüttelt nur ein wenig den Kopf, steigt aus dem Auto und wird sofort von Kindern umringt, scherzt mit ihnen in fließendem Wolof. Sie wohnt auch hier, zwar nicht im Sand, sondern in einem Haus, aber ebenso elend wie ihre einheimischen Hausgenossen.

In Prag können so gut wie alle Menschen lesen und schreiben. Um die wenigen Ausnahmen bemüht man sich. Bei uns in Prag …

»Hier muß man anders denken und handeln«, sagt die junge Österreicherin, »muß die Traditionen verstehen, Erwartungen konkretisieren, Schritt für Schritt Möglichkeiten schaffen. Unsere Analphabetenkurse werden gut besucht.«

»Alles in Wolof?«

»Selbstverständlich«, betont sie, und ich schäme mich, eine so dumme Frage gestellt zu haben. Und hier ahne ich plötzlich einen Zusammenhang mit der Rezitation des »Erlkönig« vor meiner Lesung aus dem »Traumcafé einer Pragerin«. Was mir ein bißchen kurios erschien, war an diesem Ort eine richtige kulturelle Tat.

Claudia schläft in einem winzigen, trostlosen Raum auf einer Matte auf dem Fußboden. Sie wird von den Frauen im Haus oft zu gemeinsamen Mittagessen eingeladen, zu einem Bohnen- oder Reisgericht, das im Freien in großen Tongefäßen gekocht wird. Man hat Vertrauen zu ihr, deshalb sind wohl auch die Kurse, die sie ins Leben gerufen hat, gut besucht, wovon ich mich selbst überzeugen konnte.

Bei unserer Heimfahrt in früher Abendstunde durch

die Favela saßen und lagen noch mehr Menschen im Sand. Unter ihnen die Glücklicheren, die irgendwo in der Stadt, etwa beim Bewachen geparkter Autos oder sonstwie, ein paar Münzen verdient haben und jetzt »nach Hause« zurückgekehrt sind. In den Sand.

Als ich mich an diesem Abend in meinem kleinen Zimmer in unserem Botschaftsgebäude nach erfrischender heißer und kalter Dusche zur Ruhe legte, plagte mich der Gedanke: Nun habe ich also die Favela gesehen, habe flüchtig ein weiteres Kapitel menschlichen Elends kennengelernt, nehme diese Erfahrung mit nach Hause. An dem Alltag der Menschen, an den miserablen, trostlosen Aussichten der Sandkinder ändert sich damit freilich überhaupt nichts. Ich kann und werde über sie erzählen. Das ist aber auch alles und leider so wenig, als würde ich ein paar lose Körnchen von dem uferlosen Sand wegpusten.

Mein Aufenthalt in Dakar näherte sich seinem Ende. Bereichert um neue Erkenntnisse und Begegnungen mit interessanten, andersartigen Menschen, insbesondere bei meiner Lesung an der Universität vor einer nur schwarzen studentischen Zuhörerschaft, trat ich den Heimflug an. Mein beinahe als waghalsig beurteilter Entschluß vor dem Antritt dieser Reise verwandelte sich nun in die freudige Verwunderung, daß sie vollauf gelungen war. Ich habe den Abstecher von Prag nach Dakar nicht nur gut überstanden, sondern auch – wie denn nicht – in vollen Zügen genossen.

Der Rückflug – ich startete in Dakar um elf Uhr abends und landete in Prag in den Mittagsstunden des nächsten Tages – schien mir allzu schnell zu gehen. Aus einer Welt, die so ganz anders und so vielfältig ist, gleichzeitig schön und erschreckend, in wenigen Stunden in die eigene, vertraute zurückzukehren, machte mir zu schaffen, berührte mich ganz eigenartig.

Wo blieb da das Wesen, das gleichzeitig an drei Tischen zu sitzen versteht und scheinbar auf allerhand Fragen mit ziemlicher Sicherheit eine Antwort weiß? Die, die mir jetzt durch den Kopf zogen, hätte es, so fürchtete ich, dennoch kaum beantworten können. Meine Heimatstadt ist zu weit von Afrika entfernt, auch wenn ich sie in mir weiß, wo immer ich gerade bin.

In Prag gibt es einen Ort, an dem die Zeit stehengeblieben ist. Das ist nicht weiter verwunderlich, gilt für die meisten Stätten dieser Art. Ich meine nämlich den sogenannten Neuen Jüdischen Friedhof in Strašnice, am oberen Ende des Stadtviertels mit dem einladenden Namen Weinberge (Vinohrady). Weinstöcke würde man dort in unseren Tagen freilich vergeblich suchen. Der köstliche Saft hat nichtsdestotrotz im Laufe der Jahre in ungezählten feinen und volkstümlichen Lokalitäten aller Art und in allen Teilen der Stadt seinen beinahe triumphalen Einzug gehalten, soll mancherorts sogar das Bier, den traditionellen Trunk der Tschechen, in den Hintergrund gedrängt haben.

In Mailand hat man mich einmal auf einen denkwürdigen Friedhof geführt, eine Kuriosität, die man gesehen haben muß. Dort schlagen die reichsten Norditaliener ihre letzte Ruhestätte auf, die sie im voraus, wie in einem renommierten Hotel, rechtzeitig buchen, ja auch einrichten lassen. Man findet hier kleine Paläste mit prächtig ausgestatteten und dekorierten Vor- und einer Art Aufenthaltsräumen, als ob die Verblichenen ihre Management- und Finanzkonferenzen auch an diesem Ort abzuhalten beabsichtigten.

Nichts dergleichen suche man in Prag-Strašnice. Gewiß, auch hier liegen zu ihren Lebzeiten respektierte Bankiers und Industrielle, jedoch neben schlichten Bürgern, neben Künstlern und Gelehrten, von denen manch einer berühmt war und ist – Franz Kafka zählt zu ihnen – und sehr viele keinen leichten Lebensweg hatten.

Einmal begleitete ich an einem Sommertag ein paar Journalisten, die bei mir zu Besuch waren, an diese Ruhestätte, von deren legendärer Atmosphäre sie schon allerhand gehört hatten. Sie wollten sich hier deshalb gründlich und ohne Zeitbedrängnis umsehen. Um sie in keinerlei Weise zu beeinflussen, ließ ich sie ihren Rundgang allein antreten und blieb gleich beim Eingang auf einer Bank vor dem kleinen Häuschen sitzen, in dem jetzt in einem Computer die Namensverzeichnisse der hier Bestatteten gespeichert sind. Ein hagerer älterer Mann, der in dem bescheidenen Büro offenbar diese Arbeit verrichtet, guckte aus der Tür, sah mich auf seiner Bank sitzen, trat heraus und setzte sich stillschweigend neben mich.

»Guten Morgen. Arbeiten Sie schon lange hier?« fragte ich nach ein paar Minuten, wollte mit dem Alten ein Gespräch anknüpfen.

»Ja, ziemlich lange«, seufzte er.

»Ist der Dienst schwierig?« staunte ich.

»Nicht immer, aber manchmal sehr. Am schlimmsten an Sonntagen.«

»An Sonntagen?« Meine Verwunderung hielt an. »Kommen da so viele Menschen?«

»Gar keine.« Er seufzte erneut.

»Ja aber …«

»Da bin ich ganz allein hier.«

Der Mann war auffallend hager, in seinem Gesicht war auch viel Leid eingeprägt. Er sah recht müde aus.

Ich ließ einige Minuten verstreichen. »Was geschieht an den Sonntagen?« fragte ich dann.

Es folgte ein weiterer Seufzer.

»Hat man Sie hier überfallen?« fiel mir plötzlich ein, weil er sein Alleinsein betont hatte. »Man liest so etwas oft in den Zeitungen.«

»Na sehen Sie«, er wurde mit einemmal ganz lebhaft, »dort«, und er wies mit der Hand auf das kleine Gebäude hinter seinem Pförtnerhäuschen, »dort ist unser Verlag Serfer untergebracht. Die sind aber an Sonntagen nicht da, auch kein Gärtner oder sonstige Angestellte, nur ich. Schon zweimal sind hier einige krawallierende Burschen eingedrungen, haben mich häßlich beschimpft, versuchten, die Gedenksteine für die jüdischen Kriegsgefallenen da drüben zu beschmutzen, und ich war wehrlos und ganz allein.« Er schüttelte bekümmert den grauen Kopf.

»Haben Sie nichts zu Ihrer Verteidigung bei sich? Ich meine einen Spray oder so etwas.«

»Aber ja. So irgendeine Spritze hat man mir gegeben. Die hatte ich, als es losging, im Schreibtisch und nicht in der Hosentasche und wollte die Kerle auch nicht … Halt«, rief er plötzlich, »Sie dort!«

Durch das große Gittertor war ein Mann eingetreten, ein untersetzter Mann in Hemdsärmeln, und steuerte auf die Hauptallee zu.

»Sie müssen Ihren Kopf bedecken«, rief ihm der Alte neben mir zu und erhob sich, »sonst können Sie nicht weitergehen.«

»Was ist das für ein Unsinn?« entgegnete der Mann, blieb stehen und schaute sich verblüfft und auch sichtlich erbost um. »Warum soll ich meinen Kopf bedecken? Was kümmert Sie mein Haupt? Lassen Sie mich in Frieden.« Und er wollte seinen Weg fortsetzen.

Überraschend schnell trat der Alte vor ihn. »Nichts zu machen«, erklärte er. »So lautet unsere Vorschrift, und die muß eingehalten werden. Kommen Sie, ich leihe Ihnen eine Jarmulka, das ist so ein Papierkäppchen.«

»Kommt überhaupt nicht in Frage«, schnaufte der Mann, jetzt schon gereizt. »Ich brauche Ihre Maskerade nicht, bin auch nur hergekommen, um mich ein bißchen an die Sonne zu setzen. In Ruhe, dachte ich! Auf Ihre irrsinnigen Vorschriften huste ich, die gehen mich nichts an.«

»Sie wollten sich hier sonnen?« staunte ich, versuchte dem Alten beizustehen, der sich erregt und leicht zitternd auf die Bank neben mich fallen ließ. »Auf einem Friedhof?«

»Na und? Die Sonne ist ja zum Glück auch nicht bedeckt.« Der Mann ließ sich auf der Umrandung eines der Gedenksteine für die Gefallenen nieder. »Ich muß, wenn Sie das beruhigt, gar nicht weitergehen und bleibe einfach hier. Aber so wie ich bin, mit Ihren Dummheiten kommen Sie bei mir nicht an. Den Kopf bedecken, bei dieser Hitze!«

Er wischte mit dem Taschentuch über sein rundes Gesicht und hielt es dann der Sonne entgegen. Der Alte neben mir beruhigte sich ein wenig.

»Von mir aus. Aber auf den Friedhof dürfen Sie so auf keinen Fall.«

Der Mann blieb mit geschlossenen Augen sitzen, ohne zu reagieren. Es ergab sich eine kurze Stille.

»Sie haben den Holocaust überlebt?« fragte ich meinen Sitznachbarn leise.

»Ja«, antwortete er ebenso, »man hat mich versteckt.«

Ich hätte gern mehr erfahren, aber in diesem Augenblick schaute der Sonnenhungrige zu uns herüber und rief:

»Was soll überhaupt die verrückte Vorschrift mit der Kopfbedeckung? So ein idiotischer Einfall!«

»Schimpfen Sie nicht schon wieder, hier ist eine Ruhestätte«, ließ sich die dünne Stimme neben mir jetzt ganz ruhig vernehmen. »Wenn Sie in die Kirche gehen, nehmen Sie doch Ihre Kopfbedeckung ab. Bei uns ist es eben umgekehrt.«

Dem Mann in Hemdsärmeln auf der niedrigen Steinumrandung blieb der Mund offen stehen.

»Na so was«, sagte er verblüfft, scheinbar nach angestrengter Überlegung. »Aber warum umgekehrt?«

»Das hat seinen Grund, wenn Sie es wissen wollen.« Ich spitzte die Ohren. Der Alte holte offensichtlich zu einer ausgiebigen Erklärung aus. »Als unsere Vorväter durch die Wüste zogen, weil sie aus Ägypten vertrieben wurden, war es dort in der Sonnenglut fürchterlich heiß. Deshalb wurde verfügt, daß die Männer ihre Köpfe bedecken mußten, um einem Sonnenstich oder Hitzschlag vorzubeugen. Unsere Frauen müssen ja ohnehin ihr Haar verhüllen. Und im Gedenken daran, aus Respekt vor unseren Vätern in der Wüste darf kein Mann unsere Friedhöfe oder Synagogen barhäuptig betreten.«

Nach dieser langen Rede sackte der alte Mann auf der Bank neben mir ein wenig zusammen. Der Hemdsärmelige kratzte seinen unbedeckten Kopf.

»Warum müssen eure Frauen ihren Kopf verhüllen, wie die Araberinnen?«

»Die verhüllen ihr ganzes Gesicht, unsere Frauen nur das Haar und auch nur die verheirateten.«

»Nur die verheirateten? Warum wieder das?«

»Damit sie keinem anderen Mann mehr gefallen. So will es das Gebot«, erläuterte der Alte geduldig.

»Da sollten sie aber etwas ganz anderes verhüllen«, meinte der Sonnenanbeter schmunzelnd. »Aber woher soll man das alles wissen? – Und zu dem Marsch durch die Wüste haben euch die Deutschen getrieben?«

»Damals noch nicht«, flüsterte es neben mir.

»Verbrecher laufen auf der ganzen Welt herum, werden bald zahlreicher sein als die anständigen Leute«, sinnierte der Mann auf der Steinumrandung. »Wer war bei euch der Heiligste? Wir haben Jesus Christus.«

»Der war auch Jude«, bemerkte der Alte. Sein Gegenüber fuhr hoch.

»Langsam, langsam«, rief er erbost, »unser allerheiligster Christus?«

»Gehen Sie manchmal über die Karlsbrücke?« mischte ich mich von neuem in das Gespräch ein, das mich immer mehr fesselte.

»Klar. Was hat das damit zu tun?«

»Bleiben Sie das nächste Mal bei der Statue des Gekreuzigten stehen und lesen Sie, was dort auf dem Sockel eingraviert ist: Jesus Nazarenus, Rex Judaeorum. Jesus von Nazareth, König der Juden.«

»So? Das ist mir noch nie aufgefallen. Werde ich mir demnächst mal genau anschauen.« Der Mann schien ein wenig beunruhigt, aber nicht mehr feindselig zu sein.

In diesem Augenblick ging das große Gittertor abermals auf. Zwei ältere Damen betraten den Friedhof, grüßten freundlich und verschwanden in der Hauptallee. Ich hielt nach meinen Journalisten Ausschau, aber die waren noch nicht zu sehen.

»Na bitte«, ließ sich der Mann auf der Steinumrandung von neuem vernehmen. »Da kommen zwei Frauen, übrigens unverhüllt, wie ich bemerkt habe, aber auch schon alt. Also da kommen die beiden ihre Toten besuchen und bringen nicht einmal ein paar Blumen mit.« Es schien, als wollte er mit dieser Feststellung sein Verständnis und vielleicht sogar aufkommende Sympathie bekunden.

»Das ist bei uns nicht üblich«, belehrte ihn der Alte.

»Was ist bei euch nicht üblich? Wieder so eine Vorschrift? Bei euch ist alles streng reguliert? So etwas haben wir ja hierzulande reichlich genossen, das kommt bei uns nicht mehr an.«

»Das ist keine Vorschrift«, der alte Mann schien zufrieden zu sein, uns wiederum belehren zu können, denn daß auch ich seinen Ausführungen aufmerksam lauschte, hatte er ohne Zweifel bereits bemerkt.

»Damals, in der gräßlichen Wüstenhitze«, fuhr er mit seiner dünnen, leicht schwankenden Stimme fort, »starben unterwegs sehr viele Menschen, vor allem natürlich die älteren und schwächeren, aber auch Kinder. Alle mußten sofort beerdigt werden, um zu keiner Pestgefahr für die Lebenden zu werden. In der Wüste konnte man sie jedoch nur in dem Sand verscharren, und dabei standen schon die Aasgeier am Himmel. Kaum zogen die Menschen weiter, wollten sie auf die Leiche hinabstoßen. Um das zu verhüten, bedeckten die Juden ihre Toten mit Steinen.«

Er machte eine Pause, heftete den Blick auf den fest gepflasterten Weg unter seinen Füßen, schien schmerzlichen Gedanken nachzuhängen. Nach einem Weilchen schüttelte er seinen mit einem schwarzen Samtkäppchen bedeckten Kopf, strich mit der mageren Hand über die Augen, als wollte er etwas wegwischen, und setzte schließlich seine Ausführungen fort:

»Es gibt, glaube ich, keine solche Vorschrift, aber im Gedenken an jenen Leidensweg und an alle unsere Toten, die Begrabenen und die ... Also wir bringen keine Blumen mit, die gab es ja auch in der Wüste gar nicht, wir legen nur bei jedem Besuch ein Steinchen auf das Grab unserer Lieben.«

»Blumen wären ja in der Hitze auch gleich verwelkt«, meinte der Hemdsärmelige sachlich, wollte vielleicht wieder sein Verständnis oder gar seine Zustimmung zu einem derartigen Vorgehen bekunden. »Und weiß man überhaupt, wo diese Gräber in der Wüste sind? Hat man sie in späteren Zeiten gefunden?«

»Nein, mag sein das eine oder andere. Jüdische Gräber sind auch anderswo und in viel späteren Zeiten spurlos verschwunden.«

»Richtig. Ich sagte ja schon: Verbrecher gibt es auf der ganzen Welt. Hinter meinem Heimatdorf in Mähren ist auch so ein Friedhof weggekommen«, bemerkte der Mann auf der Steinumrandung, »war sehr alt und wahrscheinlich ist kein Mensch mehr dorthin gegangen. Er stand aber niemandem im Weg, man hätte ihn ruhig dalassen können.«

»War aber ein jüdischer Friedhof.« Der Alte neben mir seufzte traurig. »Wir werden immer verfolgt, immer und überall.«

»Bei uns auch? Nach dem Krieg doch nicht mehr.«

»Was glauben Sie, wie oft hier schon vandaliert wurde und ich mir Drohungen anhören muß.«

»Von Deutschen?«

»Nein, das ist schon vorbei. Jetzt sind es unsere jungen Leute, solche kahlköpfigen und verrückt bemalten.«

»Die krakeelen auch beim Fußball«, der Mann in Hemdsärmeln wußte offenbar, worum es ging, »überall dasselbe Gesindel.«

»Eben«, sagte der Alte traurig und seufzte noch einmal.

Der Besucher ohne Kopfbedeckung erhob sich, kam langsam zu uns herüber, und es schien beinahe, als wolle er dem betagten Juden die Hand schütteln. Im letzten Augenblick zögerte er jedoch und sagte nur:

»Wenn ich das nächstemal herkomme, können Sie mir ruhig so ein Mützchen aufsetzen. Ich weiß ja jetzt warum. Und ich bringe auch ein paar Steinchen mit, hier auf den Asphaltwegen findet man ja kaum welche.«

Damit nickte er dem alten Mann zu, machte in meine Richtung die komische Andeutung einer leichten Verbeugung und durchschritt aufrecht das Gittertor.

»War doch ein anständiger Mensch«, murmelte der Alte neben mir und schaute ihm nachdenklich nach. »Zuerst sah er gar nicht danach aus. Man täuscht sich halt manchmal, aber oft leider nicht.«

Von der Hauptallee erklang Stimmendurcheinander. Meine Journalisten kamen von ihrem Rundgang zurück.

»Lassen Sie sich wieder einmal bei uns blicken«, sagte der Alte, als ich mich von ihm verabschiedete. »Nur mit den Toten ist es hier recht einsam.«

Beim Rückweg vom Friedhof schwärmten die Journalisten geradezu von der außerordentlichen Atmosphäre, die sie dort umfangen hatte. Ich schwieg.

»Wo gibt es das sonst?« überlegte einer der älteren Kollegen. »Ich war ja nicht zum erstenmal auf so einem

Friedhof, aber daß zwischen den Gräbern Erdbeeren reifen und im Herbst sogar, wie uns jemand erzählte, die gelben Köpfchen von Pfifferlingen aus dem Gras glänzen, und daneben sind auf vielen Steinen die Namen von Holocaust-Opfern festgehalten – das gibt es wahrscheinlich kaum sonstwo.«

»Hier ist aber auch Franz Kafka begraben«, fiel ihm einer der Jüngeren ins Wort. »Wir sind schließlich in Prag, da kann mich eigentlich nichts verwundern.«

Und dabei, summte es in meinem Kopf beim Zuhören, dabei wißt ihr alle trotz eurer Achtung gebietenden Informiertheit und Weltgewandtheit nicht, daß in dieser Stadt eine Erscheinung herumspukt, die gleichzeitig an drei Tischen sitzt, keinen Namen hat, auch keine Definition oder Interpretation zuläßt, nur der stumme Zeuge hier oft verwunderlichen und schwer erklärbaren Geschehens ist, schon immer hier war und hoffentlich auch immer hier sein wird.

In der kurzen Straße, die geradenwegs vor das Altstädter Rathaus führt und Melantrichgasse heißt und wohl stets so hieß, was von vielen anderen bekanntlich nicht gesagt werden kann, gab es in meinen jungen Jahren einen Anziehungspunkt, dem ich nur selten widerstehen konnte, der mich im Gegenteil sehr oft gerade hierher steuerte. Auf dem Gehsteig vor den respektablen Häusern saßen da auf niedrigen Schemeln oder auch nur auf umgestülpten Eimern ein oder zwei Frauen. Sie waren zumeist in dunkle Tücher gehüllt, und vor jeder stand ein mittelgroßes Faß, aus dem es schon von weitem verführerisch sauer-süß duftete. Schnell gegorene Gurken! In der kurzen Zeit, in der sie auch in verschiedenen anderen Straßen der Stadt, für mich jedoch vor allem in der Altstädter Melantrichgasse, angeboten wurden, führten alle meine Wege durch Prag, wohin auch immer sie ausgerichtet waren, mit Sicherheit gerade hierher. Man durfte mit einer Holzzange selbst in dem Bottich fischen, ein größeres oder kleineres Stück wählen, wurde auf Wunsch mit einem Blatt festen Papiers ausgestattet, zahlte einen lächerlichen Preis und ging schmatzend und schlurfend mit dem sauer-süßen Leckerbissen in der Hand weiter. Auf besondere Weise erfrischt und für den Rest des Tages auch gut gestimmt. Ich weiß nicht, ob die sorgfältig und sachkundig eingelegten Gurken eine solche Wirkung erzielen konnten oder ob der kleine Ausreißer aus dem städtischen Getriebe in die dörfliche Tradition die gute Laune hervorrief. Mir erging es jedenfalls so, und schon allein das machte die Melantrichgasse zu einer meiner Lieblingsstraßen.

War es ein Zufall, daß ich mit neunzehn Jahren meine erste selbständige Behausung nach längerem vergeblichen Suchen gerade hier fand? Oder hat es schon damals ein guter Hausengel für mich so eingerichtet? Wie auch immer: Bis zur Okkupation der Tschechoslowakei durch Hitlerdeutschland und zu meiner dann unerläßlich gewordenen Flucht aus Prag lebte ich in der »Melantriška«, und auf dem Gehsteig gegenüber meinem Wohnhaus ließen sich in den späten Sommerwochen regelmäßig die Frauen mit ihren Gurkenfässern nieder. Auf diese Weise wurden sie zu meinen stets freudig erwarteten zeitweisen Nachbarinnen.

Dann rollten die Kriegsjahre über uns alle hinweg, und nach meiner Rückkehr aus dem Exil verschlug es mich, wie schon gesagt, an ein anderes Ende von Prag. Auch die sauer-süßen Gurken ließen sich nicht mehr an ihrem alten Stammplatz sehen. Um die nächste Ecke gibt es jetzt nämlich einen überschwenglich gut versorgten Gemüsemarkt. Ich habe nicht nachgeforscht, ob die Schnellgegorenen dort für ihre kurze Saison unter den ungezählten einheimischen, aber auch exotischen Gaben der Natur eine Aufenthaltsbewilligung erhalten haben. Tempora mutantur!

Gewiß, die Zeiten ändern sich. Und so wollte ich wissen, was aus dem Haus Nr. 7 geworden ist, in dem ich einst zu Hause war. Es interessierte mich natürlich auch, wer jetzt in meiner damaligen Mansarde unter dem Dach wohnt.

Neben dem schmalen Hauseingang gab es in der Vorkriegszeit einen Fleischerladen. Als im August des Jahres 1968 Sowjetpanzer in die ganze Stadt eindrangen, um den politischen »Prager Frühling« niederzuwalzen, wobei sie den Altstädter Ring lückenlos besetzten und an den Türen der Geschäfte ringsum Zettel mit der Bekanntmachung »Vorübergehend geschlossen!« erschienen, kam etwa am zweiten Morgen nach der Invasion eine Mitarbeiterin unserer Zeitschrift »Im Herzen Europas«, eine Fotografin, in die Redaktion gestürzt und rief schon von der Treppe:

»Mädchen, los! Auf dem Altstädter Ring ist noch ein Laden offen. Sie haben dort einen ganzen Stapel hübscher weißer Leinenblusen mit blauen oder roten Tupfen im Regal, verkaufen sie ganz billig. Beeilt euch, jetzt wird es ja bald nichts mehr geben.«

Die Redaktion befand sich in unmittelbarer Nähe des Platzes, und so brach ihre gesamte weibliche Belegschaft gleich auf. Auch ich ergatterte ein Exemplar mit blauen

Punkten. Das Stück ist derart solid, daß es mich trotz ungezählter Wäschen bis heute nicht verlassen hat, zu einer Invasionsreliquie geworden ist.

Die eilige Bluseneroberung in letzter Minute brachte mich an die Ecke der Melantrichgasse. Dort überfiel mich plötzlich die Angst, das Haus Nr. 7, in dem ich längst nicht mehr wohnte, hätte beim Einmarsch der Okkupationsarmee Schaden erlitten haben können. Die Straße ist sehr eng.

Ich atmete auf, als ich feststellte, daß unsere »Melantriška«, wie sie seit eh und je von den Pragern liebevoll genannt wird, die Okkupation im ganzen unversehrt überlebt hatte. Der Fleischerladen in »unserem« Haus stand sogar noch offen. Ich trat ein.

»Was darf es sein?« wurde ich höflich gefragt.

Mein Gott, als ob nichts geschehen wäre! »Kann ich von dem schönen Stück da oben ein paar Scheiben haben?«

»Von den Steaks? So viel Sie wollen, sechs, acht?«

Ich traute meinen Ohren nicht, schöpfte Mut und sagte: »Zwölf.«

»Also ein Dutzend, bitte sehr.«

»Was ist los?« wollte ich wissen. »Ausverkauf? Sie müssen schließen?«

»Habe noch keine solche Anweisung, die kann aber jeden Augenblick kommen. Auf keinen Fall will ich für die Okkupanten etwas im Laden haben.« Er reichte mir das ansehnliche Paket. »Genießen Sie das Fleisch womöglich in Ruhe. Ist garantiert frisch.«

»Danke. Was bin ich schuldig?«

Der Mann schaute mir freundlich ins Gesicht, seufzte ein wenig und sagte schließlich:

»Geben Sie mir, was Sie wollen. Ich will ja, daß tunlichst alles weg ist. Die Eindringlinge sollen bei mir nichts vorfinden.«

Auf dem Heimweg überlegte ich, wer von unseren Freunden von dieser überraschenden Zuteilung etwas abbekommen sollte.

Mein Mann staunte. »Die meisten Läden sind doch zu. Woher hast du diese Wunderration?«

Ein bißchen stolz antwortete ich: »Aus der Melantriška. Woher denn sonst?«

Ich weiß, ich weiß, mein Rätselhaftes an den drei Tischen, die Melantrichgasse und Egon Erwin Kisch, das ist einfach nicht zu trennen. Er tritt ja auch in meinem kunterbunten Erzählen immer wieder zwischen die Zeilen. Es begann damit, daß er zuerst hier mein Nachbar war. Nach der Rückkehr aus dem langen Exil kam er auch wieder in unsere Gasse zurück, ließ sich in seinem Geburtshaus jedoch nicht mehr nieder, starb an einem anderen Ende der Stadt. Ich aber kann hier immer noch durchlaufen, oder genauer gesagt, jetzt werde ich von einer beängstigenden Touristenmenge meistens einfach durchgeschoben, habe danach stets neue und neuartige Melantrich-Erlebnisse.

Wenn ich jemandem zeigen will, wo ich in dieser Gasse gehaust habe, beginnt das mit meiner Aufforderung: »Schau bitte hinüber zu dem allerschmalsten Haus, mit nur drei Fenstern in den Stockwerken an der Vorderfront. Dort war es.« Und wenn ich auch noch mein Mansardenfenster zeigen will, muß jeder ordentlich seinen Hals recken, um bis hinauf unter das Dach zu sehen.

Ich hatte seit langem den Wunsch, das Haus einmal zu

betreten und womöglich einen Blick in »meine« Mansarde zu werfen. In Mexiko ist es mir bei einer Rückkehr nach vielen Jahren gelungen, unser dortiges Wohnhaus in der Calle Irapuato aufzusuchen. In meinem heimatlichen Prag müßte das doch, so glaubte ich, geradezu selbstverständlich sein.

Die Fleischerei neben dem Hauseingang gibt es nicht mehr. Welches Schicksal den freundlichen Mann hinter dem Ladentisch ereilt hat, ist mir nicht bekannt. In Nr. 7 werden jetzt kostbare Antiquitäten und stilvolle Schmuckstücke teuer verkauft. So schön sie auch sind – sie bilden nicht den Gegenstand meines Interesses. Das gilt der Mansarde unter dem Dach.

Die schmale Haustür, die meistens offenstand, ist jetzt immer fest verschlossen. Ich rüttelte wiederholt vergeblich an ihr. Einmal entschloß ich mich nach längerem Zögern zu einem weiteren Versuch. Mit ein bißchen Herzklopfen drückte ich auf einen beliebigen Klingelknopf, trat ein wenig zurück, damit man mich eventuell aus einem Fenster sehen konnte. Aber nichts geschah. Ich klingelte ein zweites Mal. Kein Fenster ging auf, niemand ließ sich sehen oder hören. Dieser Versuch ging fehl.

Ich gab meinen Wunsch allerdings nicht auf. Wann immer mich mein Weg durch diese Gasse führte, nahm ich erst einmal das Kisch-Haus in Augenschein, nickte an seiner Ecke der Bronzeplakette mit Egons Profil zu, und betrachtete dann »mein« Haus. Es mußte sich doch eine Gelegenheit bieten …

Eines Tages war es dann wirklich soweit. Beim Näherkommen sah ich vor der geöffneten Haustür von Nr. 7 zwei Frauen in angeregter Unterhaltung.

»Guten Tag«, sagte ich und blieb stehen.

Keine Antwort. Der Blick, mit dem mich die beiden maßen, war eindeutig abweisend.

»Verzeihen Sie die Störung«, fuhr ich unbeirrt fort, »ich habe nämlich vor dem Krieg in diesem Haus gewohnt. In einer Mansarde gleich unter dem Dach ...«

»Unter dem Dach befindet sich die Waschküche.«

Das war nicht abweisend, das war schon eher ein Schlußpunkt.

»Aha. Aber vor dem Krieg ...«

»Dort war schon immer die Waschküche. Worum geht es Ihnen?«

Die größere der beiden Frauen, eine stattliche Sechzigerin mit rötlich gefärbtem Haar und auffallenden Ohrringen, musterte mich kritisch. Ich bemühte mich, harmlos dreinzublicken, und redete entschlossen weiter:

»Ich würde dort sehr gerne kurz hineinschauen.«

»In die Waschküche?«

»In meine einstige Behausung.«

Die beiden Frauen wechselten einen raschen Blick, dann sagte die stattlichere, die mit den Ohrringen, während sich die andere, rundliche und sehr beunruhigt dreinschauende nachdrücklich in der Haustür postierte:

»Sie waren die Besitzerin von Nr. 7? Jetzt wollen Sie restituieren?«

»Wie bitte?« Ich dachte mich verhört zu haben, begriff jedoch, eine solche Befürchtung könnte der Grund für die abweisende Haltung der beiden sein. »Nein, nein. Ich habe in der Mansarde unter dem Dach ...«

»Dort ist die Waschküche, da gibt es nichts zu sehen. Und sie war immer dort.«

Die Frauen wechselten abermals einen einverständlichen Blick und schlüpften überraschend flink ins Haus. Vor meiner Nase krachte die Tür zu.

Das war mein zweiter Versuch, der fehl ging.

Auf dem Heimweg von diesem mißglückten Unterfangen stellte ich mir selbst die Frage: Warum liegt mir so sehr daran, in Nr. 7 noch einmal bis unter das Dach zu klettern? »À la recherche du temps perdu«, auf den Spuren der verlorenen Zeit gleich Marcel Proust? Mich trieb eher das Gegenteil an, ich wollte die Zeit vergegenwärtigen, für mich faßbar machen und ein Kapitel als meine ganz persönliche Vergangenheit festhalten. Zu viel und zu oft wurde mir ein Stück, vielleicht ein gerade wichtiger Bestandteil meiner Vergangenheit, entrissen, verteufelt oder wenigstens verdunkelt. Manchmal tragisch, manchmal eher komisch (»... Sie waren die Hausbesitzerin?«). Auf der Vergangenheit ist jedoch unsere Gegenwart aufgebaut, sie ist ein unentbehrlicher Baustein unseres Lebens. Deshalb klaube ich das bißchen zusammen, das mir in Prag geblieben ist.

Das kann gewiß auch das Wesen, mein stummer Begleiter an den drei Tischen, verstehen.

Es war ein Telefonanruf, mit dem mir ein Regisseur des Fernsehens eröffnete, er habe beschlossen und dazu auch den Auftrag erhalten, mich im Rahmen eines Programms vorzustellen, das Bürger mit sehr unterschiedlichen und bewegten Schicksalen der Öffentlichkeit vorführt. Als ich ihn dann persönlich kennenlernte, gab es zwischen uns ein gutes Einverständnis, und ich sagte zu. Wir überlegten gemeinsam, welche Stellen in Prag wir bei dieser Arbeit aufsuchen sollten.

»Sie haben doch eine Zeitlang auch in der Melantrichgasse gewohnt«, sagte der Mann, »da müssen wir natürlich hingehen und in dem Haus drehen. Welches ist es denn?«

»Nummer sieben.«

»Ist das so ein schmales, frisch rosa getünchtes?«

»Ja. Und unten im Erdgeschoß befindet sich ein Laden mit Antiquitäten.«

Wird es diesmal klappen, überlegte ich hoffnungsvoll. Jetzt kam ich nicht allein, sondern rückte in Begleitung von drei jüngeren, handfesten Männern an, kam mit dem Regisseur, einem Kameramann und einem Tonmeister zu Nr. 7.

Die Haustür war auch diesmal verschlossen, auf wiederholtes energisches Klingeln gab es keine Reaktion.

»Ich sagte Ihnen doch ...«

Der Regisseur unterbrach mich. »Hat einer von euch einen Schraubenzieher?« fragte er seine Kollegen.

Der Kameramann holte aus seiner großen Tasche ein winziges Ding hervor. »Nur so was.«

Wortlos schob der Regisseur den Minischraubenzieher in das Schloß, drehte ihn vorsichtig um, und lautlos, als ob sie an unserer Konspiration teilhaben wollte, ging die schmale Haustür auf.

»Na? Treten Sie näher, Sie waren ja hier zu Hause.«

Die drei Männer lächelten, hatten offenbar ihren Spaß an dieser ein wenig ungewöhnlichen Expedition. Mir schnürte etwas die Kehle zusammen.

Auf den ersten Blick war alles wie einst. Der kurze halbdunkle Korridor, an seinem Ende der schon für die damalige Zeit überraschende Aufzug in dem alten Haus. Und Stille im Treppenhaus. Ich aber hörte meinen Nachbarn

Pepek, wie er am Morgen die Treppe hinuntersaust, weil er wieder einmal verschlafen hat. In Auschwitz ist er dann für immer eingeschlafen. Auch die Stöckelschuhe meiner zweiten Nachbarin namens Mánička hörte ich herbeiklappern. Die war tagsüber für ihre männlichen Kunden da und verließ am Abend unser Haus. Ein gutherziges, fast könnte man sagen trotz allem unschuldiges Mädchen. Was wohl aus ihr geworden ist?

Aber jetzt war nur ich da und fuhr in Begleitung von drei Filmleuten, die sich fachkundig im Milieu der anstehenden Dreharbeit umsahen, mit dem alten Aufzug in die oberste Etage.

An meiner damaligen Zimmertür prangte ein weißes Schild mit einer dicken schwarzen Aufschrift: »Maschinenraum«.

Maschinenraum? So bezeichnet man jetzt in Prag die Waschküchen? Oder wollte mich die Rothaarige mit dieser Behauptung nur schnell loswerden?

Die Fernsehleute installierten die Kameras, besorgten den Stromanschluß, der Regisseur schien etwas zu suchen.

»Welche war Ihre Tür? Die hier?« Und er wies auf den Maschinenraum.

»Ja.«

»Ein größeres oder großes Zimmer?«

»Nein, ein ganz kleines. Wenn ich meine Schranktür aufmachte, mußte ich die Zimmertür schließen und umgekehrt. Ich hatte auch eine Couch, einen winzigen Schreibtisch und einen Sessel. Mehr konnte man dort nicht unterbringen.«

»Da müssen ja jetzt ganz tolle Maschinen da drinnen sein!« meinte der Tonmeister.

»Ich möchte Ihnen ein paar Fragen stellen«, sagte der Regisseur, »aber Sie können hier leider nirgends sitzen.«

»Doch«, entgegnete ich und ließ mich auf dem Treppenabsatz nieder, »hier saß ich auch früher manchmal.«

»Früher waren Sie aber etwas jünger«, bemerkte einer der Männer sachlich und bot mir eine helfende Hand an. Dann surrte die Kamera, und der Tonmeister sagte: »Jetzt.«

»Sind Sie nach all den Jahren zum erstenmal wieder in dem Haus?«

»Zum erstenmal.«

»Und wie ist das?«

Ja, wie ist das? Kann man in zwei Sätzen das Tohuwabohu in seinem Inneren schildern? Das Neben-, Mit- und Durcheinander von Bildern, Geräuschen, sogar Gerüchen (Pepek war ein guter Koch), auch Klängen (Mánička ließ für ihre Kunden oft überlaut ihr Grammophon an) oder die Stille, die nachts über die schweigenden Prager Dächer durch das offene Fenster hereindrang und sanfter wirkte als ein Wiegenlied?

»Wie das ist? Sonderbar«, sagte ich, »ein bißchen unheimlich und sehr schön.«

»Sie haben feuchte Augen«, bemerkte der Regisseur leise.

»Das wundert Sie?«

»Nein«, sagte er, »zum Glück strahlen sie gleichzeitig auch irgendwie.«

»Maschinenraum«, brummte der Kameramann. »Hier sollten die Namen der Menschen angeschrieben stehen, die unter diesem Dach einmal gelebt haben.«

Als die Arbeit beendet war, ließen wir uns von dem Aufzug hinunter transportieren, durchquerten den kleinen Korridor – und jemand hatte inzwischen das Haustor wieder zugesperrt. Von innen erwies sich der Schraubenzieher als nutzlos. Wir waren in der Nr. 7 eingeschlossen.

»So ist es richtig«, meinte ich lachend. »Wieso wage ich es überhaupt, in ein Haus einzudringen, dessen Schlüssel ich seit einem halben Jahrhundert nicht mehr besitze. Bei meinen persönlichen Versuchen wollte man mich nicht hereinlassen, und jetzt will man mich anscheinend hierbehalten.«

»Glauben Sie? Warum?«

»Das weiß ich nicht. Vielleicht als Touristenattraktion: eine Pragerin mit unwahrscheinlicher Ausdauer.«

Wir lachten, dann erklärte der Regisseur, er gehe Hilfe holen, und verschwand im Treppenhaus.

Bald darauf hörten wir, daß irgendwo über uns eine Tür aufging, und vernahmen ein kurzes Gespräch. Gleich danach tauchte unser Regisseur wieder auf. Vor ihm trippelte eine Frau mit einem leicht klirrenden Schlüsselbund in der Hand. Als sie näher kam, wollte ich meinen Augen nicht trauen. Das war doch die rundliche Person, die sich kürzlich mit ihrer Fülle abweisend in der Haustür postiert hatte. Jetzt war sie eitel Sonnenschein, übersah mich geflissentlich, strahlte jedoch um so mehr meine drei Begleiter an, öffnete bereitwilligst die Haustür.

»Das ist sehr freundlich von Ihnen«, sagte der Regisseur. »Entschuldigen Sie die Störung und besten Dank.«

»Aber ich bitte Sie«, wehrte die Frau ab, »so eine Kleinigkeit. Ich bin froh, dem Fernsehen geholfen zu haben.«

So ist es! Der unwiderstehliche Charme des Fernsehens.

»Sie machen ja so ein sonderbares Gesicht«, bemerkte der Regisseur, als wir auf die Straße traten. »Das kenne ich bei Ihnen gar nicht. Was ist los?«

»Der rettende Engel im Treppenflur war eine der beiden Frauen, die mir vor ein paar Wochen den Eintritt in das Haus verweigert haben. Ich erzählte Ihnen davon.«

»Die jetzt so freundlich war?« wunderte sich der Kameramann.

»Ja. Es macht eben einen Unterschied, wenn man mit einer Eskorte von drei Männern erscheint, die noch dazu vom Fernsehen sind.«

Darauf wurde beschlossen, jetzt schnell irgendwo ein Gläschen zu heben.

»Auf Ihre Melantrichgasse«, sagte einer der drei, als wir in der nächsten Gaststätte gelandet waren.

Ich nahm einen Schluck und spülte damit das Närrische dieser Episode hinunter.

Aber so einfach gibt mich die Melantrichgasse nicht frei. Mein väterlicher Freund und wiederholter Nachbar (Prag, Versailles, Mexiko), der von mir verläßlich in meinem »Traumcafé« hoch über unserer gemeinsamen Heimatstadt untergebrachte Egon Erwin Kisch, würde es mir bestimmt übelnehmen, wenn ich nicht jedesmal beim Vorbeigehen einen Blick auf sein Geburtshaus werfen würde.

Keine Angst, Egonek, ich weiß doch, was sich gehört. Und ich weiß inzwischen sogar mehr, als du trotz deiner üppigen Phantasie voraussehen konntest. Für dich war die Altstadt sagenumwoben, aufregend, weil geheimnisvoll. Du wolltest ja auch partout den Golem ausfindig machen, bist deshalb in die unterirdischen Stollen unter dem Altstädter Rathaus eingedrungen, hast dort mit deinen Händen unter den losen Steinen gewühlt. Es wäre doch toll gewesen, zumindest ein winziges Stückchen des Lehmriesen zu finden. Etwa einen Finger, eine Zehe oder gar eine Spur der Umrandung seines Mundes, in den Rabbi Jehuda Löw ben Bezalel die nur ihm bekannte Zauberformel SCHEM einlegte und den Koloß damit zu kurzem Leben erweckte. Du hast ihn nicht gefunden, nur geahnt in den Gassen der Altstadt, wo jetzt ein ganz anderer Rabbiner die höchste Würde bekleidet. Kein vom Knabenalter an zum Talmudgelehrten bestimmter Jude, ein Mann, der ein begabter und anerkannter Schriftsteller war, ehe er in den siebziger und achtziger Jahren des vor kurzem vergangenen Jahrhunderts als Emigrant einen anderen Lebensweg einschlug, und der Karol Sidon heißt. Wie schade, daß ihr einander niemals begegnen konntet. Du hättest ihm etwas aus deinen »Geschichten aus den sieben Ghettos« erzählen können oder einen Witz aus dem reichen Vorrat, er wiederum eine Episode aus seinem verwunderlichen Emigrantendasein in unserer Neuzeit. Das wäre ein Gespräch gewesen!

Dir kommt das alles gar nicht so ungewöhnlich vor, Egon, du meinst sogar, so etwas paßt in unsere Stadt, wo doch ein anderer Schriftsteller, Václav Havel, vor nicht allzu langer Zeit als ehemaliger Dissident (so nennt man jetzt die politischen Untergrundkämpfer) und Häftling von einem Tag auf den anderen und dann über ein Jahrzehnt die höchste Würde im Staat bekleidet hat! Weil Prag, das sollte man niemals vergessen, weil Prag eben Prag ist.

Und weil Prag eben Prag ist, begleitet mich wortlos und konstant dieses Wesen, das gleichzeitig an drei Tischen zu sitzen vermag, mir weder Ratschläge erteilt noch beurteilt, was ich tue, mir auch nicht zur Seite springt, sondern einfach nur dabei ist, sowie ich etwas erfahre, unternehme, erlebe. Diese Erscheinung ist kein über mir segelndes Wölkchen, auch keine Engelsgestalt. Ein Wesen, das, so undefinierbar es auch ist, auf mich eine beruhigende Wirkung ausstrahlt.

Als wir beide in dieser Gasse wohnten, Egon Erwin Kisch, und deine Mutter noch würde- und liebevoll im Bärenhaus das Sagen hatte, befand sich zwischen eurer Nr. 14 und meiner Nr. 7 ein kleines Bordell. Es war nicht weiter auffallend und schien im ganzen reibungslos zu funktionieren. Nur selten gab es dort in später Nachtstunde ein Handgemenge, einen kurzen Krawall auf der Straße. Da kreischten ein paar Mädchen, ein paar Polizisten schwangen drohend ihre Gummiknüppel, aus den Fenstern der umliegenden Häuser schimpften die aus ihrem Schlaf gerissenen Menschen, und spätestens in einem Viertelstündchen war die Ruhe wieder hergestellt. Manchmal wurden dabei einige der männlichen und einige der weiblichen Personen auf dem nächstliegenden Polizeikommissariat vorgeführt, bald aber wieder freigelassen.

Was du kaum voraussehen konntest und vielleicht bis heute gar nicht weißt, mein lieber Egonek, ist die in letzter Zeit durchgeführte Installierung eines »Sex Machine Museums« im Nebenhaus von Nr. 14.

Im Erdgeschoß des mit dieser Nummer versehenen Bärenhauses, wo fünf Brüder auf die Welt gekommen sind, unterhielt Vater Hermann Kisch einen Tuchladen. Dort wird jetzt wie an allen Ecken und Enden der Stadt Glas verkauft. Dieser geradezu verblüffende Umstand hat bei mir die Phantasievorstellung erweckt, daß nunmehr auf der ganzen Welt, vor allem in Japan und den USA, jeder Schluck Wein aus böhmischem Glas genippt wird. Das wäre ganz lustig, für Prag sogar schmeichelhaft, keinesfalls unangenehm oder bestürzend. Aber der übernächste Laden in unserer Gasse!

Im nächsten wird Damenkonfektion angeboten, nicht der letzte Modeschrei, eher solide Kollektionen. Hermann Kisch hat Stoffe besserer Qualität auf seinen Regalen gehabt.

Der Stammgast im überirdischen Traumcafé runzelt die anspruchsvolle Reporterstirn. »Was soll dieser Quatsch? Willst du uns zu einer Stadtbesichtigung animieren?«

Wollte ich das, würde ich das übernächste Etablissement einfach übergehen, weil es so ganz und gar nicht in die Melantriška paßt. Den Eingang in einen etwas düsteren Raum, aus dem dumpfe Musik in die Straße quillt, kann man schwerlich übersehen. Aus schwülem Halbdunkel flimmert rot die vielversprechende Überschrift: »Sex Machine Museum«.

Ging man ein paar Schritte weiter und bog um die nächste Ecke, kam man jahrelang zu dem Café Milena, so benannt nach der Freundin Franz Kafkas, Milena Jesenská, das später einem modernen Etablissement weichen mußte. Wenn man sich jedoch von dem kuriosen Museum noch weiter entfernt, erreicht man das Altstädter Rathaus. An der rechten Seite des geräumigen Platzes steht das Gebäude, genauer das Palais, in dem eine Schule untergebracht war, wo der kleine Franz Kafka Lesen und Schreiben lernte. In diesem Raum schwebt schon jahrhundertelang etwas Besonderes in der Luft. Etwas nahezu Schicksalhaftes und sehr Menschliches. Sagenhafte Begebenheiten und erlebte Wunder.

Und nun? Maschinelle Manipulation mit Gefühlen? Gerade hier, gerade an diesem Ort?

Überrascht und auch ein wenig befremdet, stand ich eines Tages vor diesem Sex Machine Museum, das alte erotische Filme und erotische Kleidung (erotic dressing) anbietet und in drei Etagen über zweihundert Objekte zur Steigerung der Lust. Und noch viel mehr, wie im Vorraum auf kleinen Bildschirmen an der Wand in tschechischer, englischer und italienischer Sprache zu lesen ist. Das alles für ein Eintrittsgeld von 250 tschechischen Kronen. Vorläufig. Da unser Land in die Europäische Union aufgenommen wurde, bald wohl auch in der internationalen europäischen Währung.

»Wir haben für unser Vergnügen weiß Gott keine Sex Machines gebraucht«, vermeinte ich mit einemmal ganz deutlich die Stimme des einstigen und leider schon unerreichbaren Nachbars dieses Etablissements zu hören, die Stimme des rasenden Reporters, der das Leben vollauf zu genießen verstand. »Die Kunden einer solchen Einrichtung tun mir, nebbich, leid«, fügte er noch schmunzelnd hinzu.

Nach kurzem Zögern betrat ich das skurrile Unternehmen und studierte in der flackernden Beleuchtung des Vorraums die dort ausgestellten »erotischen Modelle« und sonstigen Schauobjekte Stück für Stück, um diese einzigartige Gelegenheit auch entsprechend auszukosten. Ein wenig im Hintergrund des Entrées stand ein junger Mann mit einem blonden, im Nacken zusammengeknoteten Haarschopf an der Kasse. Er betrachtete mich ein bißchen erstaunt, wahrscheinlich wegen meiner weißen Haare. Das amüsierte mich, und ich trat lachend näher an ihn heran, um ein Gespräch anzuknüpfen.

»Guten Tag. Ich sehe, Sie sind gut besucht, ständig kommt jemand. Ist das immer so oder bloß jetzt in der touristischen Hochsaison und dazu noch an einem Sonnabend?«

»Wir sind immer frequentiert«, bemerkte er sachlich.

»Ihre Besucher sind vor allem Ausländer, wie ich gerade beobachten konnte?« erkundigte ich mich angesichts einer ansehnlichen Gruppe pausenlos hereinströmender Japaner.

»Nein, nein«, lautete die bereitwillige Antwort. Der Jüngling langweilte sich offensichtlich in dem halbdunklen Lokal mit den vielversprechenden Plakaten und Modellen und hatte nichts gegen ein kleines Gespräch. »Es kommen auch unsere Leute.«

»Jüngere oder ältere?«

»Alle«, erklärte er. »Weniger Frauen.«

»Interessant. Das Eintrittsgeld ist aber nicht gerade niedrig.«

Er lächelte, neigte sich mir ein bißchen zu und sagte: »Unseren Leuten geben wir Ermäßigungen. Zum Beispiel Studenten, auch älteren Besuchern.« Und mit einem verschwörerischen Zwinkern seiner blauen Augen fügte er hinzu: »Die Besichtigung führt durch drei Stockwerke, man kann dort wirklich allerhand sehen. Sie können sich das alles in Ruhe anschauen, Madame, kommen Sie doch bitte weiter, ich lasse Sie, ohne zu zahlen, herein, sehe ja, daß Sie unser Museum interessiert.«

»Besten Dank für Ihr freundliches Angebot, aber mein Interesse ist bereits voll gestillt. Bleiben Sie gesund«, wünschte ich dem jungen Mann in dem halbdunklen, von Lichtflimmern durchzuckten Raum mit der dumpfen Musik und entwich auf die Straße.

Auf dem Altstädter Ring bot mir jemand einen mechanisch herumhüpfenden roten Plüschkäfer an. Im Geburtshaus Franz Kafkas hat sich ein Bierlokal namens Kafka etabliert. Es war voll besetzt. Ein von zwei Pferden in buntem Geschirr gezogener Fiaker mit einem hübschen Mädchen in phantasievoller Uniform auf dem Kutschbock fuhr eine Gruppe italienisch lärmender und singender junger Leute durch die Altstadt. Es schlug drei Uhr, und vor dem alten Rathaus stand dicht gedrängt eine große Menschenmenge. Zur lauten Begeisterung von Groß und Klein zogen unter der Turmuhr die zwölf Apostel vorbei und am Ende der Geizhals mit seinem Geldbeutel und der Todesmann mit der Sense. Dann krähte der Hahn, und die Schau war für eine weitere Stunde vorbei.

Nicht lange nach meinem ungewöhnlichen Museumsbesuch, an einem Regentag, an dem pausenlos große Wassertropfen gegen die Fensterscheiben klopften, meldete mir jemand am Telefon: »Der Kisch hat schon wieder keinen Kopf!«

Zuerst hielt ich diese Mitteilung für einen nicht überaus witzigen Scherz, es stellte sich jedoch heraus, daß es sich hierbei um eine zwar verwunderliche, jedoch unumstößliche Tatsache handelte. Im Laufe einer relativ kurzen Zeitspanne hatte es jemand zum zweiten Mal auf den Bronzekopf des bekannten Schriftstellers an seiner erdgebundenen Ruhestätte abgesehen? Warum? Weil in diesen Zeiten Buntmetall auf dem Schwarzmarkt hoch im Kurs stand? Das genügte mir nicht mehr. Warum muß es immer der Kopf eines Schriftstellers sein und nicht etwa der eines Finanzbeamten oder Advokaten oder einer zu ihren Lebzeiten allgemein bewunderten Dame? Solche Personen gibt es ja reichlich an diesen Stätten, man muß sich nur auf den schmalen Wegen zwischen den mit eingemeißelten Inschriften versehenen Steinen ordentlich umsehen, um sich zu überzeugen, wie bunt die Gesellschaft ist, die sich hier, nicht unbedingt aus eigenen Stücken, zusammengefunden hat. Ist dieses Kopfklauen auf einem Friedhof gar eine Spezialität von Prag geworden, eine neuartige »Folklore«, wie verschiedenes Gebaren jetzt in den Medien gern bezeichnet wird?

Beunruhigt durch allerlei solche Fragen, machte ich mich auf den Weg, um mich vom Zustand des Kisch-Grabes an Ort und Stelle zu überzeugen.

»Hier ist eine phantastische Reportage im Gang, die du leider versäumst, mein Lieber«, sprach ich vor dem grünlich-weißen Marmorsockel mit der tatsächlich abermals bloßgelegten Schraube an seiner Spitze den zu Lebzeiten »rasenden« Reporter halblaut an, um die ringsum friedlich ruhenden Nachbarn von Gisl und Egon Erwin in ihrem ewigen Schlaf nicht zu stören. »Du bist schon wieder kopflos, mein verehrter Freund. Die Gisl empört das gewiß, aber was hättest du aus dieser sich wiederholenden Begebenheit machen können! Und weil du auch mit einer guten Portion Selbstbewußtsein ausgestattet warst, wärest du wohl dem begeisterten Sammler von Kisch-Köpfen, wie du den Ganoven wahrscheinlich bezeichnet hättest, du wärest ihm zu gern auf die Spur gekommen. Zweifellos hättest du uns, deinen Lesern, dabei, wie es deine Art war, auch etwas von der Geschichte der Metallogie der Buntmetalle erklärt, vom Ursprung und der Verwendung von Quecksilber, Kupfer, Blei etc. Denn du warst bei deinen Recherchen gründlich und exakt.«

Solche Gedanken bestürmten mich vor dem bestohlenen Marmorsockel, weil ich etliche Jahre die Möglichkeit hatte, die Arbeitsmethoden Kischs aus der Nähe beobachten zu können.

»Der Kisch hat schon wieder einen Kopf!«

Ob es an dem Tag, an dem mich geraume Zeit später nun wieder diese gute Nachricht erreichte, ob es gerade regnete oder die Sonne schien, weiß ich nicht mehr. Ich weiß nur, daß ich zuerst staunte, mich dann natürlich freute und schließlich einen Stoßseufzer nicht unterdrücken konnte:

»Jetzt muß ich also wieder hingehen, denn das neue Haupt will ich mir selbstverständlich anschauen, diesen dritten Kopf auf dem geduldigen Marmorsockel. Zu dumm, Egonek, daß wir einander jetzt immer auf dem Friedhof begegnen. Ein Kaffeehaus wäre mir lieber.«

Halt! Ein dritter Kisch-Kopf? Als ich am Friedhofseingang ein Blumentöpfchen kaufte, um vor allem Gisl eine Freude zu machen und nicht mit leeren Händen meinen Besuch abzustatten (hier war es nämlich kein jüdischer Friedhof, ich verletzte somit kein Ritual), spürte ich wieder einmal meinen unsichtbaren Begleiter hinter mir, das Wesen, das gleichzeitig an drei Tischen zu sitzen versteht. Ich war unterwegs, einen dritten Schriftstellerkopf zu besichtigen – war das ein Zufall oder eine Gegebenheit?

Der neue Kopf überraschte mich. Da blickte doch der Egonek von seiner Sockelhöhe von neuem auf mich hinunter und hatte dabei – eine Bronze-Zigarette in den Mundwinkel geklemmt. Bei dem lebenden Kisch war eine Zigarette in jeder Lage nichts Ungewöhnliches, eher normal. Aber auf dem Friedhof? So etwas gehört sich doch nicht! Was sagen die hiesigen Nachbarn dazu? Etwa die »Gattin des Direktors einer Zuckerraffinerie«, wie auf ihrem Stein als nähere Bezeichnung oder eine Art Titel unter dem Namen der Dame zu lesen ist.

»Was soll diese Lausbüberei, Egonek«, flüsterte ich. »Du befindest dich doch hier in solider Gesellschaft.«

»Na und?« hörte ich prompt. »Habe ich mich ihren Mores jemals angepaßt? Erwartest du das von mir ausgerechnet von deinem Traumcafé aus?«

Ich schüttelte verneinend den Kopf, sah mich zugleich vorsichtshalber nochmals um. Wir waren, soweit ich das überblicken konnte, allein. Nur das Geahnte, Ungreifbare von den drei Tischen schien mich selbst hier nicht aus den Augen zu lassen.

Warum war mir diese Erscheinung ständig auf den Fersen? Weil ich die alleinige und ausschließliche Besitzerin eines Prager Traumcafés bin? Weil ich dort in verläßlicher Sicherheit für immer eine ganze Reihe von Bürgern unserer Stadt, auch zahlreiche ihrer Gäste, untergebracht habe? Sie gehörten zu Prag wie die Brücken über die Moldau, die Burg auf dem Hradschin, das Café Arco und die Slavia, die Antiquariate und die modernen Buchpaläste. Und sie sind hier, diese Prager, auch wenn sie nicht mehr da sind. Ist es etwa ihre schützende Hand, ihr nimmermüder Beauftragter, der lautlos fast überall mit mir ist?

Den toten Kisch schmückt schon der dritte Kopf. Das Museum mit den Sex Machines in der Melantrichgasse umfaßt drei Stockwerke. Als ich meine Stippvisite dort beendete, schlug es drei Uhr am Altstädter Rathaus. Mein stummer Begleiter sitzt, weil es offenbar so sein muß, gleichzeitig an drei Tischen. Wir waren drei Mädchen bei uns zu Hause – man könnte abergläubisch werden.

Der Gedanke an die Zigarette im Mundwinkel des Bronze-Kisch-Kopfes ließ sich nicht aus meinem lebendigen Kopf vertreiben. Wäre Egon Erwin auf dem jüdischen Friedhof bestattet, hätte man eine solche Extravaganz kaum zugelassen, dort achtet man die alten Gesetze. Eine derartige Kühnheit hätte Aufsehen erregt, wahrscheinlich Proteste hervorgerufen und in den Medien ein Für und Wider. Den rasenden Reporter hätte so ein Trubel freilich keineswegs beunruhigt, er hätte ihm sogar gefallen. An seiner bescheidenen Ruhestätte neben dem imposanten Bau des zentralen Krematoriums ließ dieser Fauxpas die Toten und ihre lebenden Besucher völlig kalt.

Ich ließ jedoch durch die freundliche Vermittlung eines journalistischen Kollegen beim Autor des Kopfes, genauer der beiden bislang letzten Köpfe, anfragen, ob ihm ein Besuch meinerseits willkommen wäre. Die Antwort war positiv, und so machten wir uns bald auf den Weg.

Das Atelier des Bildhauers befindet sich auf der Kleinseite in einem alten Haus, das einer bekannten Prager Schauspielerfamilie gehört. Wir wurden in einem frisch getünchten Gewölbe empfangen. Der Künstler entschuldigte sich, er stecke noch in Renovierungs- und Einzugsarbeiten, habe die Absicht, hier eine kleine Galerie einzurichten. Wir entschuldigten uns, ihn im Laufe dieser Arbeiten zu stören.

Aus dem ersten wurden wir in einen zweiten, gleichfalls gewölbten Raum geführt, in dem ein sehr fester länglicher Tisch stand und auf ihm eine Flasche Rotwein. Meinen Blick zog jedoch ein ganz anderer Gegenstand auf dem dunklen Möbelstück an. Dort stand auf einem winzigen Sockel ein winziger Kischkopf mit einer winzigen Zigarette im Mundwinkel. Sogar mehrfach. Eine ganze Reihe schmauchender Kischköpfchen.

Dem Bildhauer entging mein überraschtes Gesicht nicht.

»Sie können die Büste getrost in die Hände nehmen«, forderte er mich schmunzelnd auf. »Gefällt Ihnen der Kopf? Sind Sie diesmal zufrieden?«

Mein Kollege warf mir einen bedeutsamen Blick zu. Aufgepaßt, sollte der mir sagen, jetzt ist es so weit! Ich spitzte die Ohren und wartete, was nun kommen würde. Denn gegen den zweiten Kisch-Kopf aus derselben Werkstatt, der sich jedoch nur einer recht kurzen Lebensdauer auf dem grünlichen Marmorsockel erfreute, gegen den hatte ich gewisse Einwände geäußert. Was damals einen etwas erregten Telefonanruf des Künstlers bei mir zur Folge hatte.

Unsere jetzige Unterhaltung war friedlich, beinahe freundschaftlich. Ich erfuhr, daß beim alljährlichen Wettbewerb des tschechischen Journalistensyndikats um die beste Reportage des Jahres, die mit einem Kisch-Preis ausgezeichnet wird, die Minibüste dem jeweiligen Preisgekrönten überreicht werden soll.

»Auf dem Friedhof hat mich die Zigarette im Mundwinkel des Schriftstellers ein bißchen überrascht«, wagte ich nach einem stärkenden Schluck Rotwein zu bemerken.

»Warum?« wunderte sich der Künstler. »Ich habe mir viele Fotos und Abbildungen angeschaut. Auf allen war der Kisch mit einer Zigarette zu sehen. War wohl typisch für ihn. Deshalb habe ich ihn auch so dargestellt.«

»Gewiß. Auf dem Friedhof hat es mich allerdings, das muß ich zugeben, dennoch ein wenig überrascht«, wiederholte ich.

»Kisch wäre mit mir zufrieden«, meinte der Bildhauer selbstbewußt, und wahrscheinlich hatte er recht.

Ich nahm eines der winzigen Köpfchen auf winzigem Sockel in die Hand, drehte es hin und her, betrachtete es von links und rechts, dabei befiel mich ein ganz merkwürdiges Gefühl. War es nicht ein bißchen ungebührlich, den Meister der künstlerischen Reportage sehr verkleinert und mit einer sehr verkleinerten Zigarette im Mundwinkel einfach so in der Hand zu halten? Wo blieb der Respekt für das umfangreiche entdeckerische Werk des Meisters der Reportage?

Da zirpte es, zum Glück nur für mich hörbar, in meinem Kopf. Wie lautete der Ausspruch Kischs, den ich von ihm oft gehört habe, wenn sich ihm jemand unterwürfig anzubiedern versuchte? »Mach dich nicht so klein, du bist nicht so groß.« Und hier? »So klein« in vielfacher Ausgabe, freilich ohne jegliches Zutun seinerseits.

»Laß den Respekt beiseite«, knurrte es beinahe vernehmlich in meinem Kopf, »der hängt doch nicht vom Format ab. Sieh lieber zu, bald an die frische Luft zu kommen. Die mittelalterliche Atmosphäre in dem Gewölbe scheint dir nicht zu bekommen.«

Ich befolgte den weisen Rat aus dem Jenseits, bedankte mich für die freundliche Aufnahme und verabschiedete mich.

Als wir wieder auf der Straße standen, meinte mein journalistischer Kollege: »Ich habe erwartet, daß du ein Kisch-Büstchen geschenkt bekommst.«

»Wieso?« lachte ich. »Ich bin doch kein preisgekrönter Pressemensch. Gehen wir jetzt irgendwo einen ordentlichen Kaffee trinken?«

In der Meißner Straße (Míšenská) – so heißt das krumme Gäßchen – gab es kein Lokal. Zu meiner Erleichterung auch keinen Laden mit Glas und Porzellan, was hier, im Hinblick auf den Namen der Gasse, eigentlich zu erwarten war. Aber meine Stadt hustet auf voraussehbare Erwartungen, ist mehr auf Überraschungen eingestellt.

Auf dem Kleinseitner Ring, wo wir unseren Kaffee trinken wollten, fuhr eine Straßenbahn bimmelnd an uns vorbei. Von einer auffallenden, sehr bunten Reklametafel an ihrer Seitenwand blickte zu meiner Überraschung mit seinen großen dunklen Augen Franz Kafka in das Getriebe der Menschen. Als Propaganda für einen demnächst bevorstehenden Marathonlauf durch die Straßen von Prag! Eine schamlose Profanierung des Schriftstellers? Aber nein, er lebte doch in einer närrischen Stadt.

Vielleicht weil ich in dieser Stadt heranwuchs und, wohin auch immer es mich im Laufe der vielen Jahre verschlagen hat, Prag stets in meinem Bewußtsein verankert war, ein fester Punkt, auf den ich mich verlassen konnte, bin ich wohl imstande, Neues, Andersartiges intensiv zu erleben, in mich einzuordnen, um es auch mitnehmen zu können, nach Hause, nach Prag.

Am Anfang der vierziger Jahre des vorigen Jahrhunderts, als der zweite Weltkrieg erst in vollem Anlauf war und die deutsche Wehrmacht sich zunächst in Westeuropa einschnitt, gab es an der Mittelmeerküste im Süden Frankreichs noch ein kleines Stück unbesetzten Territoriums, einen Notausgang aus dem geplagten, in Todesgefahr schwebenden und Todesgefahr verbreitenden Europa: den Hafen von Marseille.

Ich hatte vor nicht allzu langer Zeit das Glück – und es war auch ein Abenteuer –, diese Stadt nach meinem keineswegs freiwilligen und damals auch keineswegs freien Aufenthalt vor gut sechzig Jahren noch einmal, nunmehr durchaus freiwillig und frei, besuchen zu können. Als Zeitzeuge für einen französischen Dokumentarfilm.

Als ich nun in Marseille gefragt wurde, woran ich mich noch gut erinnern kann und welche Stellen ich gern aufsuchen möchte, überraschte ich die jungen Filmleute offensichtlich, als ich hervorstieß: »Unbedingt den Bahnhof.«

»Den Bahnhof? Warum?«

»Dort habe ich Glück erlebt.«

»Dort haben Sie was ...?« Erstauntes Kopfschütteln, aber auch sofortige Zustimmung. Begleitet von drei jungen Leuten, ausgerüstet mit Kamera und Tongerät, brachte man mich wunschgemäß zu dem nicht gerade sehenswerten Bahnhofsgebäude. Dort wurde ich aufgefordert, mein einstiges Erlebnis in die Kamera zu erzählen. Ich mußte nicht lange in meinem Gedächtnis kramen.

Nach einem halben Jahr in einem Pariser Gefängnis und schon über einem Jahr in Rieucros, einem Internierungslager für Ausländerinnen in Zentralfrankreich, erhielt ich am Anfang des Jahres 1941 ganz überraschend, wie so etwas in unberechenbaren Lagen manchmal passiert, einen Urlaubsschein für einen mehrtägigen – ich glaube, es waren fünf oder sieben Tage – Aufenthalt in Marseille, um meine Ausreise aus dem Land betreiben zu können. Marschall Pétains kollaborierendes Frankreich wollte Ausländer tunlichst schnell loswerden, um in Übersee mit solcher »Großzügigkeit« gegenüber Flüchtlingen einen günstigen Eindruck hervorzurufen.

Ich kam damals mit einem Zug in Marseille an und stieg unruhig aus, weil ich schon bei der Einfahrt die Kontrollposten der Polizei vor dem Bahnhofsausgang bemerkt hatte. Wird für sie mein nur mit einem jämmerlichen Stempel des Lagerkommandanten von Rieucros versehener Urlaubsschein ausreichend sein?

Ich blickte mich um und schmuggelte mich unauffällig in eine größere Gruppe einheimischer Reisender ein, und mit ihnen gelang es: Ich passierte den Ausgang ohne jegliche Kontrolle, atmete auf und marschierte eiligst los.

Vor dem Bahnhofsgebäude liegt ein kleiner Platz. Zögernd und vorsichtig überquerte ich ihn, blieb erst an seinem Ende an einer steinernen Brüstung stehen. Erst hier wagte ich mich umzuschauen, hob meinen Blick. Vor mir lag in strahlendem Sonnenlicht die Hafenstadt Marseille, und hinter ihr funkelte das uferlose Meer. Ich holte tief Atem. In diesem Augenblick fühlte ich mich nach beinahe zwei Jahren zum erstenmal wieder frei. Die offene Weite vor meinen Augen rief ein bislang unbekanntes Glücksgefühl in mir hervor. Es rollte in meinem Blut, kribbelte in den Fingerspitzen, erfüllte mich mit jedem Atemzug. Ich schaute in die verlockende, unbekannte Ferne, und sacht, gleichsam tröstend erstand das Bild einer anderen Stadt in mir, auf die ich nicht von einem Bahnhof, sondern von einer Burg hinabzuschauen pflegte, mein unerreichbares Prag. Jetzt stand ich weit weg von meiner Heimat, vor mir eine fremde Stadt am Meer, und ihre Offenheit verlieh mir das Bewußtsein der Freiheit, die ich einst als selbstverständlich genossen hatte und die ich, in diesem Augenblick gab es für mich keinen Zweifel, eines Tages auch wieder voll besitzen würde. Das war es, was mich in jenen Minuten glücklich machte.

»Schön, das war sehr gut«, sagte der junge Kameramann leise, als ich verstummte. Ich hatte beinahe vergessen, daß gedreht wurde.

Mit einemmal wurde mir in der Sonnenhitze ein wenig schwindlig. Ich bat um einen Schluck Wasser und mußte mich auf eine der in die Stadt hinabführenden Stufen hinsetzen. Das Wiedersehen mit diesem Platz und seiner flimmernden Aussicht warf mich beinahe um. Und dabei ahnte ich noch nicht, daß das erst ein Anfang war.

Es ist schon sonderbar, wenn man einen Ort als nicht willkommener Gast erlebt hat – auch in Marseille war ich in der Kriegszeit zwar relativ lose, aber dennoch polizeilich interniert – und nach Jahren wiederkommt, diesmal als gern gesehener, ja sogar willkommener Besucher. Das empfand ich besonders scharf, als wir im Laufe der Filmarbeit u. a. das zentrale Polizeiarchiv aufsuchten. Diese Dienststelle befindet sich in einem älteren, vom Bombenregen in den vierziger Jahren anscheinend verschonten Gebäude, dem nunmehr ein moderner Neubau angeschlossen ist. Mit der Zuwanderung der Bürger aus den einstigen afrikanischen Kolonien Frankreichs hat sich die Agenda der Polizei in der Hafenstadt vervielfacht, benötigte zusätzliche Räumlichkeiten.

Wir kamen an unserem Ziel mit einem Auto an, und als ich ausstieg, eröffnete man mir, daß ich im Archiv bereits erwartet werde, und fragte, ob ich in der Hitze einen Kaffee oder lieber ein kaltes Getränk haben möchte.

Ich blieb schweigend stehen. Vor dem modernen Neubau bewegte sich eine beträchtliche Menschenschlange langsam vorwärts. Die Anstehenden waren fast ausschließlich dunkler Hautfarbe. In diesem Amt werden Aufenthaltsbewilligungen und ähnliche Dokumente ausgestellt.

Mit einemmal beunruhigte mich das bedrückende Gefühl, daß ich an falscher Stelle stand. Ich gehörte doch eher dorthin, unter die in der tropischen Temperatur erschöpften, wartenden, bangenden und hoffenden Menschen. So war es doch immer gewesen. Ich empfand es als absurd – wenngleich erleichternd –, hier höflich erwartet zu werden.

»Wollen wir gehen?« ermahnte man mich freundlich. »Der Aufzug ist leider außer Betrieb, wir müssen in die vierte Etage hochsteigen. Aber nehmen Sie sich Zeit, gehen Sie ganz langsam und vorsichtig.«

Als ich ganz langsam und vorsichtig oben ankam, klopfte mein Herz ein wenig unregelmäßig, nicht allein infolge der Klettertour.

Im Archiv in dem alten Gebäude durfte ich dann die Kartothek der in den Kriegsjahren im sogenannten Bompard festgehaltenen Frauen durchsehen, einem Etablissement übelsten Rufes, das zu einem Polizeiinternat umorganisiert war. Für jede von uns wird hier eine Karte aufbewahrt, mit einem Foto und amtlich verzeichneten Daten und Bemerkungen, die allerdings mit der Wirklichkeit nicht immer übereinstimmen. So konnte ich auf meiner Karte lesen, wiederholt das Konsulat der USA aufgesucht zu haben, was kein einziges Mal der Fall war. Ich stand damals mit dem Generalkonsulat der Vereinigten Staaten von Mexiko in Verbindung, befand mich auf dem Weg in dieses Land. Für die Polizei war anscheinend Amerika ein umfassender Begriff und der Unterschied zwischen Nord- und Lateinamerika nicht weiter beachtenswert. Dagegen berührte es mich sympathisch, daß ich als Bürgerin der Tschechoslowakei registriert war, obwohl zu jenem Zeitpunkt das uns aufgezwungene Protektorat Böhmen und Mähren schon mehrere Jahre bestand. Immerhin, freute ich mich.

Im Bompard waren wir übrigens nur zwei Pragerinnen. Die Karte meiner Freundin Käthe fehlt in der Kartothek. Vielleicht weil sie nicht ausgereist, sondern in der französischen Résistance untergetaucht war. Die Denkweise der Polizeibeamten ist oft unergründlich. Aber wahrscheinlich stecken die amtlichen Angaben über meine gute Käthe in einer anderen Kartothek.

Von den Aufnahmen in den Eintragungen, in die ich Einblick nehmen durfte – für die Schauspielerin Steffie Spira gibt es sogar zwei Karten, eine besondere für ihren damals etwa siebenjährigen Sohn Thomas –, sahen mich durchwegs inzwischen verstorbene Frauen an. Wieder einmal war ich die letzte, übriggeblieben von einer größeren Gemeinschaft. Diesmal erfüllte mich dieser Umstand nicht so sehr mit Wehmut als vielmehr mit dem Gefühl einer gewissen Verpflichtung gegenüber meinen einstigen Weggefährtinnen. Wenn du noch da bist – also gut, solange ich noch da bin.

In jenen Tagen war ich wirklich und wahrhaftig in der Hafenstadt Marseille, die nicht nur mit dem sagenhaften Grafen Monte Christo, dem berühmten Gefangenen im Château d'If, in die Literatur und in die Geschichte eingegangen ist, sondern in viel späteren Jahren auch noch als Notausgang aus dem vom Krieg bedrängten Europa. Als ich im alten Hafen, dem von Legenden umwobenen Vieux Port, stand und meinen Blick auf die imposante Anhöhe richtete, von der aus die Schutzpatronin der Seeleute in der Kirche Notre Dame de la Garde unangetastet von den vielfältigen stürmischen Ereignissen auf die Stadt zu ihren Füßen hinabschaut, meldete sich in mir ein durchaus privates Anliegen.

Mein Mann, der jugoslawisch-deutsche Schriftsteller

Theodor Balk, ist im Jahr 1974 in Prag gestorben. In seinem in vieler Hinsicht aufschlußreichen und auch erfolgreichsten Buch »Das verlorene Manuskript« gibt es im Kapitel »Zwischen zwei Kontinenten« eine Stelle, an die ich jetzt in Marseille immer wieder denken mußte. Balk schildert dort die kleinen Geschenke, die von Matrosen, aber auch Soldaten, Fliegern und einfachen Menschen der heiligen Patronin hoch oben aus Dankbarkeit für die von ihr in Bewegung gesetzte Rettung gewidmet wurden und nun schon seit vielen Jahren in bunter Menge von der Kirchendecke herabbaumeln: winzige Schiffchen, Ordensbänder, Flugzeugminiaturen.

»Sollte ich je nach Marseille zurückkehren«, schrieb Balk von Mexiko aus in seinem Buch, »so will ich dir gern ein wunderschönes Schiffchen schenken oder etwas noch Wertvolleres, meinen Sauf Conduit mit all den Visenstempeln, den runden und viereckigen, den europäischen, mittel- und nordamerikanischen, den zur Ausreise, Durchreise und Einreise ermächtigenden, und will ihn im Magazin deiner Trophäen deponieren, in der Basilika dort oben auf dem kahlen Berg, Madonna.«

Obwohl ich den Reisepaß meines Mannes nicht aus Prag mitgebracht hatte, war ich dennoch entschlossen, der Notre Dame de la Garde einen Besuch abzustatten, um ihr, zwar ein bißchen verspätet, aber nicht weniger aufrichtig, für unsere heile Rückkehr nach Europa zu danken.

»Glauben Sie, daß man dort oben für die Madonna ein kleines Geschenk kaufen kann?« fragte ich meine Regisseurin.

»In einem der Kioske vor der Kirche wird sich bestimmt etwas finden«, meinte sie.

Als wir nach beinahe akrobatischer Fahrt über größere und kleinere Kurven glücklich oben ankamen, fanden wir dort keinen Kiosk und keine Geschenkartikel. Was tun? In der Kirche erstand ich eine Kerze, von denen ein reichliches Angebot vorlag, entzündete sie und befestigte das brennende Stück verläßlich zwischen seinen flackernden Gefährten.

»Es ist etwas anderes, als dir versprochen wurde, Madonna«, gestand ich der Schutzpatronin. »Du mußt schon entschuldigen, aber die Zeiten sind so, daß man auch für die Toten ihre Papiere tunlichst in Ordnung aufbewahren muß. Deshalb konnte ich dir das versprochene Sauf Conduit nicht mitbringen. Wenn ich mich aber jetzt hier bei dir umsehe und die vielen Tafeln mit dankbaren Worten verschiedener Menschen betrachte, die alle deine Hilfe erfahren haben, dann hoffe ich, daß du auch meine bescheidene Kerze in der zweiten Reihe links entgegennehmen wirst als ein, wie schon gesagt, zwar verspätetes, jedoch fest versprochenes und aufrichtiges Dankeswort aus Prag.«

Das wäre der Moment, an dem du dich auch hier zeigen solltest, mein Geist von den drei Tischen, um der Notre Dame de la Garde zu bekräftigen, daß sie meine Worte nicht auf die leichte Schulter nehmen sollte, selbst wenn sie für sie vielleicht ein bißchen befremdend oder ungewöhnlich klingen. Kannst du ihr bitte erklären, daß wir in Prag ganz gern manches nur andeuten und es dem anderen überlassen, das Gesagte auf seine Weise auszulegen und anzunehmen? Kannst du das der Madonna erklären, denn diese Marseillerin war ja noch nie in unserer Stadt.

Nach Hause zurückgekehrt, mußte ich mit einem schnell unterdrückten Seufzer zur Kenntnis nehmen, daß in Prag der Ausblick aus meinen Fenstern kein Meer umfaßt, mir jedoch sehr vertraut ist und allerhand, mitunter auch recht sonderbare Wünsche in mir wachruft.

So bestand in mir seit Jahren der für manchen überraschende, im ganzen aber, so meine ich, begreifliche Wunsch, das Gefängnis, in dem man mich in meiner Heimatstadt in den Jahren 1952–1953 unschuldig festhielt, einmal von innen in Augenschein nehmen zu können. Denn ich wurde mit verbundenen Augen eingeliefert und auch wieder mit verbundenen Augen entlassen. Selbst wenn man mich aus der Zelle zu einem Verhör holte, stets wurde ich mit verbundenen Augen abgeführt. Deshalb wollte ich unbedingt einmal den Korridor sehen, durch den man mich so oft durchschleuste, gleichfalls das Gittertor an seinem Ende oder Anfang, von dem ich nur sein Rasseln kannte. Auch den Aufzug, in den ich hineingeschoben wurde, den eckigen Hof oder was immer sich dort zwischen den Gebäuden befand, in dem ich nur dreimal, draußen sogar mit offenen Augen, ein wenig Luft schnappen durfte.

Selbst der Name der Anstalt, in der man festgehalten wurde, war damals geheim und wurde verschwiegen. Dennoch wußte zweifellos jeder Häftling, daß er im inzwischen zu Recht berüchtigten Gefängnis Ruzyně einsaß. Von außen kenne ich diese Einrichtung schon längere Zeit. Zum erstenmal kam ich auf absurde Weise an ihr vorbei.

Nach meiner Entlassung und einem längeren Aufenthalt in der mir zugewiesenen Provinzstadt konnte ich eines Tages dank der großzügigen Hilfe eines alten Freundes endlich nach Prag zurückkehren. Er nahm mich mit Mann und Kind in seiner Dreizimmerwohnung auf, in der er selbst mit Frau und Kind lebte. Ich war arbeitslos, in der Hauptstadt wollte mich niemand anstellen. Mitte der fünfziger Jahre gab es noch keine Computer, und so erhielt ich in der schwierigen Übergangszeit zum Glück ab und zu wenigstens einen Abschreibeauftrag. Dank des Zutuns eines anderen Jugendfreundes trat nach vielen Wochen endlich eine Wendung ein. Ich durfte manchmal ausländische Gäste des tschechoslowakischen Friedenskomitees begleiten und für sie dolmetschen.

Eines Tages war es eine Gruppe britischer Labour-Abgeordneter, die zu einem kurzen Aufenthalt in Prag weilten. Am Tag ihrer Heimkehr wurden sie nach einem feierlichen Abschiedsessen mit einem Minibus zum Flughafen gebracht, begleitet von ihren beiden Übersetzern, von denen einer ich war.

Im Wagen saß neben mir eine ältere, sehr sympathische Dame, die Bürgermeisterin der Stadt Leeds. Wir hatten uns im Laufe ihres Besuches angefreundet und plauderten unterwegs angeregt. Auf einmal stutzte ich, brachte kein Wort heraus, starrte wie gebannt aus dem Busfenster.

Wir kamen in diesem Augenblick an einem Komplex eintönig mit schmutzigem Ocker getünchter Gebäude mit durchwegs vergitterten Fenstern vorbei. Aus ihrer Mitte ragte wuchtig ein vieleckiger Turm. Den hatte ich doch schon irgendwann gesehen? Gewiß nur flüchtig, mit gestrecktem Hals bei einem meiner drei »Lüftungsgänge«, als ich …

Mein Gott! So also sieht die Haftanstalt von außen aus! Wir passierten gerade die große Einfahrt in den Komplex, und weil der Wagen verlangsamt eine Biegung nahm, konnte ich auf einer weißen Tafel auf dem Tor in dicken schwarzen Buchstaben die Aufschrift lesen: »Zweck-Wirtschaft«. Zweck …?

Irgendwo in der Nähe muhte eine Kuh. Diese für eine Stadt etwas ungewöhnlichen Töne hatte ich hier vor Jahren auch gehört, konnte sie mir damals nicht erklären. Jetzt aber stockte mir der Atem. Da fuhr ich nun mit einer Abgeordnetengruppe aus dem »imperialistischen Großbritannien« an dem Gefängnis vorbei, in dem ich … Kann so etwas gut ausgehen? Wird nicht im nächsten Augenblick etwas ganz Fürchterliches geschehen?

»Are you allright?« fragte die sympathische Lady aus Leeds besorgt und griff beruhigend nach meiner Hand. Offenbar war ich erblaßt.

»Thank you, I am fine«, sagte ich, und das war auch schon wieder wahr, denn inzwischen waren wir ein gutes Stück weitergefahren, und nichts Schlimmes war passiert.

Der zweite Dolmetscher, der auch auf böse Erfahrungen zurückblicken konnte, wenngleich auf weniger dramatische als ich, lächelte mir ein bißchen konspirativ zu.

»Du bist vorhin beim Vorbeifahren ganz schön erschrocken, was? War auch eine ziemlich kuriose Situation. Aber, Mädchen, wir sind doch in Prag! Hast du Kafka nicht gelesen?«

Auf solche Weise war ich zum erstenmal mit offenen Augen an dem Gefängnis vorbeigekommen. Ich hatte aber den dringenden Wunsch, diese Einrichtung einmal von innen zu sehen. Warum das für mich so wichtig war, weiß ich kaum zu erklären.

»Du bist verrückt«, meinte fast jeder, wenn ich diese meine Absicht erwähnte. »Die endlosen Monate haben dir nicht genügt? Sei froh, daß du das scheußliche Kapitel hinter dich gebracht hast, und vergiß das Ganze lieber.« Aber um es »hinter mir« zu haben, mußte ich erst einmal auch dieses grausige Stück Prag richtig gesehen haben. Närrisch? Vielleicht.

Später bin ich an dem großen Gebäudekomplex übrigens oft vorbeigefahren, denn er liegt eben an einem der Wege zum Prager Flughafen. Immer gibt es in mir einen kleinen Ruck, wenn ich unterwegs nach Deutschland, England, Frankreich oder gar Amerika vor dem Abflug an diesem vieleckigen Turm vorbeikomme. Jetzt erschrecke ich nicht mehr, halte sogar nach ihm Ausschau. Aber eine gewisse Beklemmung befiel mich immer noch. Wie sieht es hinter dem großen Tor aus? Wieso weiß ich das nicht? Ich muß es doch wissen, damit das schwarze Loch in mir weggewischt wird.

Das Pariser Frauengefängnis La Petite Roquette, dessen Insasse ich am Anfang des letzten Weltkrieges sechs Monate lang war, wurde vor ein paar Jahren niedergerissen. Aus der Marseiller Internierungseinrichtung Bompard, dem einstigen Etablissement übelsten Rufes, entstand im Laufe der Jahre eine Kette luxuriöser Hotels, die merkwürdigerweise den profanierten Namen beibehielten. Im Wüstenlager Oued-Zem am Rande der marokkanischen Sahara, das ich gleichfalls als unfreiwilliger Gast kennenlernen mußte, wird keine einzige zivile Person mehr festgehalten. Das Prager Untersuchungsgefängnis Ruzyně funktioniert weiterhin, und nach jahrelangem Warten und aussichtslosen Versuchen durfte ich es eines Tages in der Tat von innen kennenlernen. Der Vermittler und mein Begleiter war in diesem Fall ein befreundeter Fernsehregisseur, freilich ohne Kamera und Tongerät.

Am Eingang, keinesfalls vor dem mir schon bekannten

großen Tor, sondern vor einer mit Metall beschlagenen schmalen Tür, warteten ein paar Frauen, Beutel und Taschen mit allerhand Proviant in den Händen. Wir hatten nichts mit, wollten ja auch niemanden besuchen.

»Nehmen Sie nebenan Platz«, sagte der Sicherheitsbeamte, der unsere Papiere und auch uns selbst einer eingehenden Kontrolle unterzogen hatte. »Sie werden erwartet.« Diese Worte erschreckten mich zunächst, gleich darauf mußte ich aber lachen. Ich werde hier erwartet! Mein Begleiter nickte mir beruhigend zu, als ich es nervös ablehnte, mich in dem kleinen Raum niederzusetzen. Ich blickte mich um, und mit einemmal erwachte in mir eine meiner zahlreichen kuriosen Erinnerungen in diesem kuriosen Zusammenhang.

Vor vielen Jahren habe ich in Mexiko Egon Erwin Kisch begleitet, der den sonderbaren Wunsch hatte, Jacques Mornard, den vermutlichen Mörder Leon Trotzkis, im Gefängnis aufzusuchen und zu einem Gespräch zu bewegen.

»Ich kann doch nicht jahrelang an diesem Ort sitzen und mir einen solchen journalistischen Hit entgehen lassen. Meine Leser würden mir das nicht verzeihen«, dozierte der rasende Reporter. »Und du kommst mit, damit du siehst, wie man so eine heikle Sache anpacken muß.«

Also kam ich mit einem leichten Kribbeln im Magen mit, konnte mir nicht vorstellen, einem, und sei es bislang nur vermutlichen, Mörder gegenüberzustehen. Aus dem Besuch und Gespräch wurde jedoch zu meiner Erleichterung und Kischs Enttäuschung nichts. In der Anstalt fand gerade ein Fußball-Wettspiel der Häftlinge statt, und Mornard, so teilte man uns am mächtigen Gittertor mit, sei der Kapitän einer der Mannschaften und absolut unabkömmlich. Für wie lange? Das wisse niemand, erklärte man uns mit einem offiziellen und kategorischen Achselzucken. Unverrichteter Dinge marschierten wir nach Hause.

Jetzt aber, beim Besuch des Prager Gefängnisses, hätte ich meinen erfahrenen Nachbarn aus der Melantrichgasse wieder einmal gern an meiner Seite gehabt. »Nimm dich zusammen«, würde er mir wahrscheinlich sagen, »du bist nicht hergekommen, um dich aufzuregen, sondern um eine delikate Institution von Prag zu besichtigen. Schau dich ordentlich um, und dabei kannst du, was du anscheinend recht notwendig hast, auch deine zweifellos zu Schaden gekommene Seele ein bißchen kurieren.«

Nach ein paar Minuten erschien eine freundliche junge Frau in der Tür des Warteraums. Ich registrierte, daß sie keine Uniform, sondern ein geblümtes Kleid anhatte.

(»So ist es richtig«, brummte Kisch von seinem Stammplatz in meinem Traumcafé, »achte auf alle Kleinigkeiten, wie ich dir immer ans Herz gelegt habe, das erfordert unser Métier.«)

Die Frau stellte sich als Sprecherin der Anstalt vor. Das erstaunte mich. Diese bei uns erst vor kurzem eingeführte Funktion mußte es neuerdings anscheinend überall geben.

Ich wurde höflich befragt, was ich in dem Gefängnis sehen wollte.

»Vor allem den Korridor«, platzte es aus mir heraus, »das Gebäude von innen und wenn möglich auch den Ausgehhof.«

Der Korridor war weiß getüncht, auch die schweren Zellentüren waren hell angestrichen. In meiner Erinnerung oder Phantasie schwebten mir nur düstere Farben vor. Wahrscheinlich stimmte das auch mit der Realität der fünfziger Jahre überein. Die aufklappbare Öffnung für den

Einblick in die Zellen, der sogenannte »Spion«, schien mir überraschend groß zu sein. In meinem Kopf blieben runde »Spione«, in denen nur ein kontrollierendes Auge Platz hatte.

»Möchten Sie in eine Zelle hineinschauen?« fragte die freundliche Sprecherin und ging auch schon daran, eine der Öffnungen aufzuklappen.

»Ja, danke, aber nur, wenn gerade niemand drin ist«, antwortete ich schnell, wollte auf keinen Fall einen gefangenen Menschen betrachten.

(»Du befindest dich nicht in einem Sanatorium«, glaubte ich abermals den Meister der Reportage zu vernehmen, »sondern in einem Kittchen. In einem Rechtsstaat sitzen nur ausnahmsweise auf Grund eines Justizirrtums unschuldige Menschen hinter Gittern. Du mußt die Denkbahnen von gestern verlassen, jetzt ist doch alles schon anders, selbst aus der Perspektive von hier oben. Sonst würdest du ja überhaupt nicht in diesen Korridoren herumspazieren können, verstanden?«)

Ich riß mich zusammen, preßte ein Auge an den »Spion« und sah ein Bettgestell mit zwei übereinander angebrachten Pritschen, einen Holztisch, keinen Abtritt wie zu »meiner« Zeit, sondern in einer Ecke eine durch eine niedrige Mauer etwas abgesonderte normale Klosettschüssel. Na Gott sei Dank!

»In den fünfziger Jahren war das anders?« staunte die junge Frau, die mich aufmerksam beobachtete.

»Ganz anders. Kann ich hier irgendwo durch ein Fenster blicken?«

»Aber selbstverständlich«, staunte sie weiter, konnte sich gewiß nicht vorstellen, daß ich an diesem Ort zum erstenmal an einem Fenster stand und hinausschauen durfte.

Hinter den großen Gebäuden sah ich die Schmalspurgeleise einer kleinen Eisenbahnlinie, weiter hinten einen Kuhstall (Zweck-Wirtschaft!), ein Stück Feld, ganz hinten Häuser. Gewöhnliches, alltägliches Leben mit seinen Sorgen und Freuden, die einem aber in den großen Gebäuden an seinem Rande allesamt verwehrt sind.

Die Sprecherin hielt einen dicken Schlüsselbund in den Händen, trippelte uns voraus, schloß Korridortüren und Treppenaufgänge auf. Ich sah mich ständig um, hatte jedoch nicht das Gefühl, in »meinem« einstigen Korridor zu sein. Erst ein paar Wochen nach diesem denkwürdigen Besuch erfuhr ich durch einen Zufall, daß die Einrichtung, in der ich meine Gefangenenzeit verbringen mußte, ursprünglich als Bierbrauerei errichtet und erst im Jahre 1934 zu einem Gefängnis umgestaltet wurde. Das Gebäude, in dem man mich festhielt, dient nunmehr als Strafanstalt und ist für jegliche Besucher unzugänglich. Was ich besichtigen durfte, war das Untersuchungsgefängnis in einem Nebengebäude. Aber immerhin.

Bei unserem Rundgang durch die Anstalt brachte uns die freundliche Frau auch in die Abteilung für jugendliche Häftlinge. Abermals staunte ich. Eine ganze Abteilung für junge Untersuchungshäftlinge? Gab es immer noch keine andere Möglichkeit für unreife Anfangssünder?

Bei jeder Biegung der freudlosen Korridore, bei jeder Stufe hinauf oder hinunter, erwartete ich, dem Wesen zu begegnen, das gleichzeitig an drei Tischen zu sitzen versteht. Hier hätte es mich nicht aus den Augen lassen sollen, als eine Art Beschützer für jeden Fall. Denn es war unheimlich, frei durch ein Gefängnis zu wandern, in dem ich so unfrei gewesen bin wie niemals sonst in meinem

Leben. In Franz Kafkas Roman »Der Prozeß« las ich vor Jahren, wie »ein Mann vom Lande um Eintritt in das Gesetz bittet«. War es etwa ein ähnliches Verlangen, das mich veranlaßt hat, diesen sonderbaren Besuch zu unternehmen?

»So, jetzt betreten wir die Abteilung für Jugendliche«, erläuterte die Frau im geblümten Kleid, indem sie die Tür zu einer weiteren Etage aufschloß. Ich zögerte ein bißchen, wäre in diesem Augenblick am liebsten unsichtbar geworden. Aber da kam schon eine rundliche weibliche Person in blau-grauer Aufseherinnenuniform auf mich zu. Ihr freundliches Gesicht, die geradezu mütterliche Art, wie sie über die ihr anvertrauten jungen Missetäter sprach, wirkten angenehm in der schroffen Umgebung.

»Manche unserer Jungen sind erst fünfzehn Jahre alt«, berichtete die Frau mit einem kleinen Seufzer, »und kommen meistens aus unvorstellbaren sozialen Verhältnissen. Diebstahl, Drogen, auch brutale Aggression gehören zu ihrem Alltag.«

Ein dünnes Bürschchen in der Anstaltsuniform – graue Trainingshose, weinrotes T-Shirt – wurde an uns vorbeigeführt. Sein Blick war starr auf den Boden geheftet, die Körperhaltung erschien mir nicht trotzig, eher stumpf gleichgültig zu sein. Welcher Verstoß oder gar welches Verbrechen ihn wohl hierher gebracht hat?

Ich starrte ihm nach, war nicht imstande, meinen Blick von dem kindlichen Gefangenen abzuwenden. Gewiß, das sind die Schattenseiten auch in meinem Prag, aber …

(»Warum aber?« raunte mir Kisch sogleich wieder von seinem überirdischen Stammtisch zu. »Diebe und Zuhälter, Schwindler und Betrüger, Mord und Totschlag hat es immer gegeben, nur die Formen ändern sich mit der Zeit. Ob sie eleganter geworden sind, bezweifle ich allerdings. Damit mußt du dich abfinden, und mach kein so jämmerliches Gesicht, sonst müßte ich dir weitere Recherchen in deiner einstigen Residenz strengstens untersagen.«)

»Sind Sie müde?« fragte mich mein Begleiter vom Fernsehen, weil ich stehengeblieben war.

»Nein, nein, oder vielleicht ein bißchen«, sagte ich schnell in der Hoffnung, damit den ungewohnt erzieherischen Kisch in mir zum Schweigen zu bringen.

»Für gläubige Häftlinge haben wir eine Anstaltskapelle«, gab uns die Sprecherin bekannt. »Die befindet sich in diesem Stockwerk, wir können, wenn Sie wollen, direkt hingehen.«

Sie nahm einen ihrer Schlüssel zur Hand, öffnete die Tür am Ende des Korridors, und nach wenigen Schritten konnten wir einen größeren Raum betreten, der als Kapelle eingerichtet ist. Ich versuchte mir vorzustellen, für welches Vergehen ein Untersuchungshäftling vor dem kleinen Altar um Vergebung zu bitten kommt.

Undiszipliniert verließen meine Gedanken unseren Aufenthaltsort und schweiften in die Ferne, zur Madonna de la Garde auf der Anhöhe über Marseille. Dort sind es nicht reuige, sondern von Naturkatastrophen und schlimmem Kriegsgeschehen heimgesuchte Menschen, die nichts gestehen müssen, vielmehr der Schutzpatronin für ihre gnadenvolle Rettung danken. Das kann ich verstehen. Aber wie geht es hier vor sich? Was kann ein Schmuggler todbringender Rauschgifte, ein millionenfacher Betrüger, ein Mörder alter Menschen oder junger Mädchen in der bescheidenen Ruzyně-Kapelle zu seiner Entschuldigung vorbringen?

»Nebenan haben wir auch eine Moschee«, eröffnete uns die junge Frau im geblümten Kleid.

»Eine Moschee?« Mein Begleiter war ebenso überrascht wie ich.

Dieser Andachtsraum ist größer als die Kapelle oder ruft vielleicht nur einen solchen Eindruck hervor. Der Fußboden ist mit einem dunkelroten Teppich bedeckt, an der Wand sah ich allerhand mir unverständliche Glaubenssymbole, zumeist in goldenen Hieroglyphen. Ansonsten ist es hier leer.

Etwas unsicher sah ich mich in dem fremdartigen und dennoch mit seiner Ruhe anziehenden stillen Raum um. Befindet sich in Prag eine so beträchtliche Anzahl von Menschen dieses Glaubensbekenntnisses hinter Gittern, daß für sie eine Gefängnismoschee eingerichtet werden mußte? Ich wagte nicht, danach zu fragen. Zugleich beunruhigte mich der Gedanke, man könnte uns auch noch eine Anstaltssynagoge vorführen. Aber nichts dergleichen geschah zu meiner Erleichterung.

(»Wieso Erleichterung?« ließ sich Kisch unabweisbar abermals aus der noch luftigeren Höhe als der der Madonna de la Garde ganz deutlich, für mich ganz deutlich, vernehmen. »Unter Juden gibt es bekanntlich hervorragende Schwindler und Betrüger, vielleicht weniger Raubmörder und Kindesschänder. Für eine Handvoll Halunken würde sich ein Gefängnistempel wohl kaum auszahlen. Solche Dinge mußt du rein sachlich und absolut objektiv in Betracht ziehen.«)

Da schämte ich mich ein wenig für den Augenblick meiner gefühlsmäßig unobjektiv reagierenden Erwägungen, wollte aber keine weiteren Belehrungen aus dem Café im Prager Himmel entgegennehmen, wollte auch in der Prager Realität nichts mehr besichtigen, wollte das Gefängnis endgültig verlassen.

Wir bedankten uns bei der jungen Anstaltssprecherin für ihr höfliches Entgegenkommen und strebten dem Ausgang zu.

»Werden Sie über Ihren Besuch bei uns schreiben?« wollte die junge Frau im geblümten Kleid noch wissen.

Als ich in diesem Gefängnis als Untersuchungshäftling endlose Tage und Nächte, Wochen und Monate gedemütigt und schikaniert, ohne jeglichen Beistand und mit nur mühselig entfachten Fünkchen Hoffnung verlebte und überlebte, mußten viele Menschen, die in demselben Korridor atmeten oder mit mir zusammen im Aufzug, gleichfalls mit verbundenen Augen, irgendwohin transportiert wurden, gewaltsam umgebracht, unschuldig sterben. Das wußte ich damals nicht, begriff nicht einmal das Ausmaß der Gefahr, in der ich mich selbst befand.

Mit einemmal befiel mich würgende Angst, ob sich die Ausgangstür nun vor mir öffnen werde.

Aber diesmal war ich ja ein Gast, der gefragt wurde: »Werden Sie über Ihren Besuch bei uns schreiben?«

Ich riß mich zusammen, ließ diese Frage unbeantwortet. Eigentlich ist es nicht so schwierig, zu begreifen, warum ich einmal mit offenen Augen durch das Gefängnis gehen wollte, in dem mir über ein Jahr meines Lebens verlorenging. Wie ein Bach, der nutzlos im Sand versickert. Solche Vorhaben sind Posten in einer offenen Rechnung, die man begleichen muß, oder Lücken im Netzwerk des Daseins, die erfordern, geschlossen zu werden.

Es gab in mir noch eine andere, eine ganz andersartige Notwendigkeit, die auf ihre Erfüllung wartete und die ich zudem, so empfand ich es, meiner Tochter schuldig war.

Anna ist im Jahr 1946 in Belgrad auf die Welt gekommen. Mein Mann kehrte nach Kriegsende nach jahrelangem Exil in seine Heimat, das damalige Jugoslawien, zurück. Obwohl ich schwer daran trug, aus Mexiko nicht schnurstracks in mein geliebtes Prag heimzufahren, war es für mich selbstverständlich, an der Seite meines Gatten zu bleiben. Schließlich, so tröstete ich mich, werde ich mich ja schon in der Nähe, auf demselben Kontinent befinden, kein Ozean wird mich mehr von meinem einstigen und ganz bestimmt irgendwann auch wieder richtigen Zuhause trennen. Ich wußte bereits, daß in Prag niemand auf mich wartet, daß von meinen Lieben kein einziger Mensch mehr am Leben ist. Wenn ich jedoch durch die schlimm zerbombten Straßen Belgrads lief, sehnte ich mich ganz selbstverständlich nach den vertrauten Gassen und Plätzen meiner Heimatstadt, hatte ich doch zu meiner riesigen Freude noch in Mexiko erfahren, daß sie glücklicherweise vom Kriegswüten nur gering betroffen wurde.

Meine Tochter brachte ich, wie schon gesagt, in Belgrad auf die Welt. Als sie zwei Jahre alt war, verließen wir ihren Geburtsort, setzten uns endgültig in dem meinen fest. Mein Kind hat nie eine Großmutter, nie eine Tante oder einen Onkel gehabt. Zudem wuchs es in einer Stadt auf, in der es nicht geboren, in die es sozusagen verpflanzt wurde. Anna konnte sich natürlich nicht daran erinnern, wie das Haus, die Straße oder der Park aussah, wo sie ihre ersten Schritte versuchte. Sie wußte auch nicht, ob das Geburtshaus ihres Vaters – wenigstens ein fester Punkt – in Zemun, einem Vorort der serbischen Hauptstadt, überhaupt noch stand. Hinter uns beiden klafft menschenleere Vergangenheit. Als unsere Tochter heranwuchs, litt sie immer mehr darunter und ich mit ihr, konnte es freilich nicht ändern. Oder doch?

»Wir müssen einmal nach Belgrad fahren und nach Zemun«, erklärte ich wiederholt. »Ich möchte dir zeigen, wo wir gewohnt haben, durch welche Straßen ich dich im Kinderwagen kutschiert habe, und wir könnten auch versuchen, in Zemun das Geburtshaus deines Vaters ausfindig zu machen. Ich kann mich dunkel erinnern, wie es aussah, habe es aber nur ein- oder zweimal gesehen. Vielleicht lebt der Nachbar der Familie, ein Mitschüler Balks, noch. Er war ein Bäckermeister und stand deiner Großmutter, soweit er konnte, in den schlimmsten Kriegszeiten bei. Sie war ja allein in dem Haus. Der könnte uns wohl allerhand erzählen.«

Auf diesen Plan kamen wir oft zu sprechen, aber stets ohne einen festen Termin. Mit meinem unaufhaltsam vorrückenden Alter wurde ich allmählich nervös. Noch kann ich mich an die Stadt, die Straßen, den Park, das Rundfunkgebäude, in dem ich arbeitete, vage erinnern. Auch an das alte Kaffeehaus Moskva, in dem ein Oberkellner, der hier vielleicht schon Könige und später ihre ungeadelten Nachfolger bedient hatte, mir in den hungrigen Nachkriegsjahren manchmal eine mit Marmelade bestrichene Schnitte zuschob, ohne dafür einen Abschnitt meiner Brotkarte zu verlangen. Noch waren solche Erinnerungen in mir wach. Aber wenn wir weiterhin warteten …

Im August des Jahres 2003 war es endlich soweit. Ich flog mit Tochter und Schwiegersohn in die einstige Metropole Jugoslawiens, nach Belgrad, die jetzige Hauptstadt der Serbischen Republik. Ich war ein bißchen nervös, denn nun wartete ja auch dort niemand auf mich. Hätte ich nicht lieber in der Sommerschwüle zu Hause in Prag bleiben sollen? Werde ich mich noch serbisch verständigen und die kyrillischen Schriftzeichen lesen können?

Das Vorspiel zu dieser Reise war nicht gerade ermunternd.

Im Zug der Vorbereitungen besuchte ich das größte, älteste und gut etablierte Reisebüro in Prag, um Hotelzimmer in der Hauptstadt Serbiens zu buchen.

»Warum wollen Sie nach Belgrad fahren?« staunte eine mollige Blondine im marineblauen Firmenkostüm, als ich meinen Wunsch vortrug. »Alle Menschen fahren nach Kroatien. Nach Belgrad fährt niemand.«

»Schon möglich. Aber wir haben die Absicht, Belgrad zu besuchen.«

»Kroatien kann ich Ihnen wärmstens empfehlen«, fuhr die Angestellte des Reisebüros unbeirrt fort. »Sie können dort in der angenehm temperierten blauen Adria baden. Bei der diesjährigen tropischen Hitze ist das doch geradezu …«

»Verzeihen Sie«, unterbrach ich ihre zweifellos gutgemeinten Ratschläge, »können Sie mir bitte in Belgrad ein Hotel empfehlen?«

Sie seufzte, schüttelte verständnislos den Blondkopf und bemerkte nur noch kurz: »Niemand fährt nach Belgrad.« Dann blickte sie dennoch resigniert in den Computer, seufzte noch einmal und sagte schließlich:

»Das Internet empfiehlt nur zwei Hotels. Die Nacht für zweihundert oder zweihundertfünfzig Dollar.«

»Kommt für uns drei Personen überhaupt nicht in Frage«, wandte ich ein. »Es muß doch in der serbischen Hauptstadt noch weitere Unterkünfte geben.«

»In Kroatien ist eine Menge in allen Preislagen angeführt«, informierte mich die Dame im marineblauen Kostüm liebenswürdig, wiederum mit einem kleinen Seufzer, der diesmal zweifellos meiner Hartnäckigkeit galt. »Nach Belgrad fährt niemand«, fuhr sie fort, »es sei denn im Dezember, wenn dort kommerzielle Konferenzen stattfinden. Da könnten wir ... Sie haben kein Interesse, Madame?« bemerkte sie überrascht und ein wenig pikiert, als ich mich aus dem gleichfalls marineblauen Sesselchen vor ihrem Pult erhob.

»Besten Dank für Ihr Entgegenkommen«, sagte ich und wandte mich dem Ausgang zu, wollte mir nicht weiter mein Reiseziel verleiden und mich entmutigen lassen.

Auf der Straße mußte ich dann lachen. Wollte mir etwa das Wesen, das gleichzeitig an drei Tischen zu sitzen pflegt, auf kuriosen Umwegen von dieser Reise abraten, oder war meine erstaunliche Erfahrung in dem Reisebüro nur ein neuer Beweis für das mir so liebe Närrische, das in Prag oft sein Unwesen treibt? Dieses Gemisch von Wirklichem und wirklich Unwirklichem, dem man hier auf Schritt und Tritt begegnen kann, wenn man versteht, es wahrzunehmen. Vom sagenhaften homunculus Golem über Franz Kafka und den braven Soldaten Schwejk bis zu dem Dissidenten und Autor absurder Dramen Václav Havel, der eines Tages auf der Burg der böhmischen Kaiser und Könige Einzug hielt.

Wir kamen in Belgrad in einem bescheidenen, nicht ungemütlichen, aber auch ein bißchen komischen Hotel recht gut unter. Seine Mängel waren mir aus kaum vergangenen Jahren in Prag vertraut, ich wußte, wie man ihnen beikommen kann.

»Here you are!« begrüßte uns an jedem Morgen die nicht mehr ganz junge Serviererin im Frühstückszimmer. Es freute sie, an den ausländischen Gästen ihre mühsam erworbenen Kenntnisse der Fremdsprache ausprobieren zu können. Sie bot auch »cheese, egg and paradajke« an. Der serbokroatische Ausdruck für Tomaten rutschte ihr ganz unversehens in den neuen Wortschatz.

Here you are! Ja, hier war ich wieder nach einer sehr langen, mit den unterschiedlichsten Erlebnissen angefüllten Pause. Diesmal kam ich nicht als ein nur wenige Wochen nach Kriegsende endlich nach Europa heimkehrender Flüchtling, der in diesem Land allerdings nicht zu Hause war. Diesmal kam ich von zu Hause und konnte dorthin auch ungehindert zurückkehren. Ich mußte mich nach Prag nicht mehr sehnen, ich war inzwischen zu seinem Bestandteil geworden. Nur wer eine solche Sicherheit lange vermissen mußte, wird verstehen, mit welch innerer Ruhe ich jetzt mein Wiedersehen mit Belgrad feierte.

Das altehrwürdige Café Moskva, ein nicht wegzudenkendes Stück dieser Stadt, steht noch an seinem gewohnten Platz. Modernisiert und auf Trab gebracht. Es wurde um einen Viersternchen-Anbau erweitert, der im Geist der neuen Zeit stolz die international verständliche Bezeichnung »Moscow« über seinem Eingang aufleuchten läßt. Dem gutherzigen alten Oberkellner von einst begegnete ich natürlich zu meinem aufrichtigen Bedauern nicht mehr. Zu viele Jahre sind inzwischen vergangen. Jetzt laufen hier flott gekleidete junge Menschen zwischen den Tischen. Einer überreichte mir eine umfangreiche Speisekarte. Ich wählte erwartungsvoll eine Sachertorte. Die Portion war üppig, schmeckte aber zu meinem

Leidwesen irgendwie jugoslawisch touristisch, keineswegs wienerisch, wie ich gehofft hatte.

Mein erster Eindruck von der Stadt, die ich ganz gut zu kennen glaubte, war verblüffend. Straßenweise sah es hier wie in Prag vor etwa fünfzehn, zwanzig Jahren aus: vernachlässigte Gassen, verstaubte Schaufenster, mürrisch und besorgt dreinblickende Menschen. Kaum erreichte man jedoch die neue, großzügig angelegte Fußgängerzone im Herzen Belgrads, betrat man die Welt von heute mit feinen Geschäften, denselben wie in allen Metropolen, und mit einem unwahrscheinlich vielfältigen Angebot von einladenden Kaffeehausterrassen und Restaurants mit internationalen Menüs auf bestem Niveau. Ich kam mir ein wenig wie Alice im Wunderland vor und feierte mit den einst so seltenen hiesigen Leckerbissen wie Musaka, Tschewaptschitschi und Razhnitschi ein nostalgisch freudiges Wiedersehen. Sie schmücken nunmehr als »lokale Spezialitäten« jede Speisekarte.

Angesichts der an einem Sonntagmorgen fröhlich über die »Terazije«, so etwas wie den Prager Wenzelsplatz, flanierenden Menschenmenge, insbesondere auffallend gut gewachsener und hübsch und modern gekleideter junger Belgrader Bürger, mußte ich unwillkürlich an die Dame im marineblauen Firmendreß im Prager Reisebüro denken. »Nach Belgrad fährt niemand!«, was sogar anscheinend stimmte. Wir begegneten kaum einem Touristen. Aber vielleicht sollte man hier vorbeikommen, dachte ich im bequemen Korbstuhl auf einer Kaffeehausterrasse in der Nähe eines plätschernden Springbrunnens, vielleicht sollte man das empfehlen. Die wiederholt so schwer geprüfte Stadt und ihre Bewohner, die all die dramatischen und oft sehr tragischen Umstände durchhalten mußten und durchhielten, haben – so empfand ich es an jenem strahlenden Augustmorgen – ein Anrecht auf zumindest aufrichtiges Interesse an dem Geschehen rings um sie und mit ihnen. Was übrigens für alle Menschen in allen Städten seine Gültigkeit hat.

Aber ich habe diese Reise ja nicht als Tourist schlechthin angetreten. Ich war mit einem festen Vorhaben gekommen. Meine Tochter sollte die Umgebung und das Milieu ihrer ersten Tage auf dieser Welt kennenlernen. Die Landschaft, in der sie ihre ersten Schritte wagte. Zum Glück fand ich mit überraschender Sicherheit die Straße und auch das Haus, in dem man uns im Sommer des Jahres 1946 endlich in einer großen Wohnung zwei Zimmer zugeteilt hatte; bis dahin haben wir zu dritt in Untermiete in einem Zimmer gehaust, in dem sich unser Leben in allen seinen Formen abspielte, vom Windelwaschen bis zu angeregten Diskussionen mit wiedergefundenen Freunden meines Mannes. In der Vierzimmerwohnung, in die wir schließlich einziehen durften, war noch ein junger Mathematikprofessor untergebracht und ein Ehepaar, das den Krieg in der jugoslawischen Partisanenarmee überlebt hatte. Die Küche wurde uns zugesprochen, weil wir ein kleines Kind hatten, das Badezimmer – ohne Heizung und ohne warmes Wasser – stand allen zur Verfügung. Im Winter veranstalteten dort die drei männlichen Insassen der Wohnung an jedem Morgen ein ohrenbetäubendes Chorkonzert, angeblich um beim Rasieren nicht zu erfrieren.

Im Treppenhaus, am Gitter des von einer Bombe getroffenen und unbenützbaren Aufzugs, hatte ich mit einer Fahrradkette den Kinderwagen festgemacht, um ihn nicht jedes Mal in das zweite Stockwerk hinauftragen zu müssen. Eines Tages wurde er gestohlen, nur die Kette blieb zurück. Jetzt erzählte ich das an Ort und Stelle meiner Tochter und ihrem Mann und bedauerte, daß nicht auch meine erwachsene Enkelin mit uns war.

Die solide und reiche Fassadendekoration an dem Haus überraschte mich. Wahrscheinlich hatte ich vor Jahren nur Augen für meine Kleine gehabt, wenn ich auf der holprigen Straße den Kinderwagen über die zahlreichen Löcher und Buckel steuern mußte. Jetzt aber standen wir auf dem Hof, wo mir alles recht bekannt erschien. Die Pawlatschen – offene korridorartige Rundgänge entlang der Innenseite des Hauses – waren ja auch damals da und dienten uns zum Windeltrocknen.

Im zweiten, in »unserem« Stockwerk, saßen zwei Frauen auf Holzstühlen auf der Pawlatsche und beobachteten uns nicht gerade freundlich. Was wollen diese Fremden? Warum beglotzen sie alles, auch uns? Man hätte sie nicht hereinlassen sollen, bei uns gibt es doch nichts zu sehen. Und wer weiß, was sie vorhaben. Die weißhaarige Frau sollte lieber zu Hause sitzen und nicht hier herumschauen. Was kann die schon sehen?

Ich sah sehr viel. Meinen Mann und den jungen Mathematiker Nenad in angeregtem Gespräch auf der Pawlatsche, die gutherzige Marijka, die das Kind versorgte, während ich bei der Arbeit war, und durch die Küchentür ein und aus huschte. Die kleine Anna, die dort herumkrabbelte und serbisch nach den Tauben rief, die aber Marijka zu ihrem Unwillen ständig mit einem Geschirrtuch verjagte, denn vom Geländer baumelte Kinderwäsche. Das alles sah ich mit meinem verläßlichen inneren Auge.

»Wollen wir versuchen, einen Blick in die Wohnung zu werfen?« schlug mein Schwiegersohn vor.

Ich zögerte, sagte dann aber ja.

Als wir oben landeten – der moderne Fahrstuhl funktionierte lautlos und sicher –, standen wir vor einer weiß lackierten Tür mit einem glänzenden Messingschild. Mein Schwiegersohn drückte auf den gleichfalls glänzenden Klingelknopf. Die Tür ging auf, eine adrett gekleidete junge Büroangestellte erschien auf der Schwelle und gab uns, noch bevor wir ein Wort hervorbringen konnten, bekannt, der Chef sei nicht zugegen.

»Danke. Aber wir brauchen den Chef gar nicht.« Und ich erklärte, daß wir uns nur einen Augenblick hier umsehen wollten, und sagte auch, warum.

Die junge Frau schüttelte abweisend den Kopf.

»Die Tür links, das war Nenads Zimmer, und die rechte führte in unsere beiden Räume«, begann ich mit einemmal zu erzählen, als ob wir allein da wären. »Hinter uns«, und ich wandte mich ein wenig um, »hinter dieser Tür wohnte das Partisanenehepaar.«

Das alles erläuterte ich von der Schwelle aus. Die junge Frau stand verwundert und jetzt schon sichtbar unschlüssig weiter vor uns. »Aber der Chef ist nicht da«, murmelte sie, »und nur er …«

»Schon gut«, sagten wir, »wir wollen Sie nicht weiter belästigen und besten Dank.«

Als wir die Treppe hinabstiegen, meinte Anna, sie hätte nun eine recht vage, aber immerhin gewisse Vorstellung davon, wie wir damals wohnten. Mir ging durch den Kopf, wie oft ich schon irgendwo einziehen und dann wieder ausziehen mußte und wie sonderbar es doch ist, daß ich in meiner jetzigen Prager Wohnung, die ich mir übrigens auch nicht selbst gewählt habe, die mir zugeteilt wurde, daß ich da nun bereits seit vielen Jahren festsitze. Und wie schön es ist, in seiner Stadt zu Hause sein zu können. Denn ich weiß nur allzu gut, daß das nicht immer und nicht überall so selbstverständlich ist.

Es war tropisch heiß in Belgrad. Das schien uns nicht weiter verwunderlich; in jenem Sommer war es ja selbst in Prag tropisch heiß. Wir dampften beinahe, als wir uns zu meiner einstigen Arbeitsstelle auf den Weg machten.

Sehr bald nach meiner Ankunft aus Mexiko wurde ich im Herbst des Jahres 1945 in der tschechischen Redaktion der Auslandssendungen des Belgrader Rundfunks angestellt. Jeden Tag marschierte ich in den nächsten Monaten aus dem unbeheizten Hotelzimmer, in dem man meinen Mann und mich untergebracht hatte, vergnügt zur Arbeit in einem zwar kärglichen, aber immerhin sparsam beheizten Senderaum. Im ersten Nachkriegsjahr führte mich mein Weg durch abenteuerliche Straßen, in denen die Bombenlöcher, wenn überhaupt, nur notdürftig zugeschüttet waren. Zauste der eisige, hier irgendwie horizontal fegende Košava-Sturmwind durch die Stadt, waren an manchen Übergängen Seile gespannt, an denen man sich halten konnte, um überhaupt die gegenüberliegende Straßenseite erreichen zu können. Zwischen den Schneeverwehungen und von den löchrigen Dächern herabhängenden dicken Eiszapfen kam ich mir beinahe wie der Polarforscher Amundsen oder Nobile vor.

Die Straße, die uns nun zum Rundfunkgebäude führte, war angenehm schattig, mit stattlichen Bäumen am Rande der Gehsteige. Zu beiden Seiten standen solide Häuser mit kleinen Lädchen und auf internationalen Schnitt arrangierten Cafés und Bars.

Bin ich wirklich hier jeden Tag auf meinem Weg zur Arbeit durchgelaufen? Im Winter stapfte ich durch knöchelhohen Schnee, städtische Verkehrsmittel funktionierten noch nicht. So glitt und rutschte ich vorwärts und schüttelte mich, am Ziel glücklich angekommen, wie ein nasser Pudel, um die Schneeklumpen von Schultern und Armen abzuklopfen, ehe ich das Gebäude betrat. Manchmal lag auch drinnen ein wenig Schnee, tanzte durch die Risse und Spalten in dem Gemäuer herein.

Jetzt stand ich verschwitzt vor einem großen Bau und staunte. Vor mir erhob sich ein mehrstöckiges Eckhaus, imponierend und gewichtig, als ob es immer so ausgesehen hätte. Doch damals, im Winter 1945, räkelte sich hier trotzig ein Kriegsinvalide, baufällig, mit Schuttgeröll ringsum und nur notdürftig für den Rundfunkbetrieb ausgerüstet. Aber funktionierend. Alle Sendungen gingen live in den Äther, es gab fast keine Technik. Bis eines Tages …

Bis eines Tages eine Delegation des Prager Rundfunks zu Besuch kam und ein Tonbandgerät mitbrachte. Das war ein wirklicher Feiertag, denn von nun an konnten wir die Aufnahme der Sendung unterbrechen und die Ratten verjagen, die aus den zahlreichen Löchern und Rissen in der Wand hervorstießen und unbekümmert durch den Raum spazierten.

So war das damals in Belgrad, mein lieber Unsichtbarer, der du gleichzeitig an drei Tischen zu sitzen pflegst und jetzt vielleicht kritisch erwägst, warum ich mich so ausgiebig bei meinem Besuch in Belgrad aufhalte, wo doch Prag den Gegenstand unseres gemeinsamen Interesses bildet. Aber gerade darum geht es in Wirklichkeit auch diesmal. Denn egal wo ich bin, wohin auch immer mich meine Wege oft unerwartet führen, plötzlich, ganz unverhofft, ist Prag auf einmal mit mir da. Meldet sich, läßt sich nicht übersehen, beruhigt mich, gewährt mir ein Gefühl warmer Sicherheit.

Mein Schwiegersohn hatte den Einfall, wir sollten einmal bis zur Endstation einer der zahlreichen Belgrader Straßenbahnen fahren, um kennenzulernen, wie es in den neuen Siedlungen am Stadtrand aussieht und wie die Menschen die Außenbezirke ihrer Stadt erreichen können.

Es war nicht ganz einfach, in einen der Wagen hochzuklettern. Sie haben kein Geländer, an dem man sich festhalten könnte, und die ungleichen drei Stufen zu erklimmen, erforderte zumindest für mich beinahe ein kleines Akrobatenkunststückchen. Man wird freilich von den ungeduldigen, auf dieses Verkehrsmittel trainierten Passagieren geschubst und geschoben. Oben angekommen, erwartete uns die nächste Überraschung. In den Belgrader Straßenbahnen darf geraucht werden, was auch reichlich ausgenützt wird. Hier sitzt oder steht auch noch ein Schaffner, der die Fahrscheine verkauft. Und selbst er hatte eine glimmende Zigarette zwischen den Lippen. Es gelang mir, einen Sitzplatz zu ergattern, meine Tochter stand vor mir.

»Das sind genau solche Wagen, wie wir sie vor ein paar Jahren auch in Prag hatten«, meinte sie, als es rings um uns, auch unter und über uns zu rasseln, klirren und poltern begann. Ächzend setzte sich das altersmüde Fahrzeug in Bewegung.

»Solche Exemplare gab es nicht«, wandte ich ein. »Schlimm genug waren sie, aber die hier sind noch ärger.«

»Ich kann mich gut erinnern«, ließ meine Anna nicht locker, »sie wackelten, rüttelten und kreischten genauso.«

»Nicht ganz so fürchterlich«, verteidigte ich die Prager Straßenbahn.

»O doch«, widersprach meine Tochter. »Übrigens sehe ich gerade ein Schildchen der Prager ČKD-Fabrik vor mir an der Wagenwand«, fügte sie triumphierend hinzu, »direkt über meinem Kopf.«

»Ihre Mutter hat recht«, ließ sich in diesem Augenblick eine Stimme vom Sitzplatz hinter mir tschechisch vernehmen. Ich fuhr verblüfft herum, erblickte einen stattlichen Sechziger, der belustigt lächelte und mit einem unverkennbar serbischen Akzent fortfuhr:

»Diese Wagen hat man in Prag nicht mehr in Betrieb gesetzt, aber hierher wurden sie noch verkauft. Das weiß ich verläßlich, ich habe nämlich die ČKD-Fabrik in Belgrad vertreten.«

Das war ein überraschender Schlußpunkt für unseren Streit. Der Mann war, wie er uns mitteilte, Ingenieur, hatte seinen Beruf bereits aufgegeben und arbeitete nun zu Hause »an Projekten«. Wir schwatzten noch ein wenig mit ihm, ehe er an der nächsten Haltestelle ausstieg.

»Eins Null für dich«, lachte meine Tochter. »Belgrad hat dir recht gegeben.«

»Nicht Belgrad, Prag«, konterte ich. Dann stiegen auch wir aus.

Habe ich nun mit diesem kurz befristeten und unleugbar eher touristisch durchgeführten Besuch die offene Rechnung für mich und vor allem für meine Tochter beglichen? Ein wenig vielleicht, keinesfalls ausreichend. Gewiß, wir begaben uns wiederholt nach Zemun, haben das Geburtshaus Theodor Balks gefunden, haben – insbesondere Anna – im dortigen städtischen Archiv nach Urkunden gesucht und dabei den standfesten Geist des einstigen k. u. k. Amtsschimmels in seiner unverwüstlichen Praxis erlebt. Wir haben auch im Jüdischen Museum in Belgrad und Zemun nachgeforscht, wo ich u. a. dem Verleger Pavel Bihali und seinem Bruder, dem unter seinem Schriftstellernamen bekannten Peter Merin, beide Jugendfreunde meines Mannes, wenigstens auf Fotos wieder einmal begegnet bin. Dennoch. Was nicht mehr ist, kann nicht nachgeholt werden. Es gibt eben Rechnungen, die offenbleiben.

Ich bin bekanntlich in Prag aufgewachsen. Dann kam die Hitler-Okkupation, in deren Folge ich als junges Mädchen eine Reihe von Jahren aus meiner Heimat verbannt war. Aber ich bin wiedergekommen. Und ehe die Stadt von mir und ich von ihr erneut Besitz ergreifen konnte, wurde ich abermals aus ihr verbannt, diesmal auf noch absurdere Weise. Denn in den schlimmen fünfziger Jahren des vergangenen Jahrhunderts war kein Feind in unsere Hauptstadt eingedrungen und war dennoch da. Wir bedienten uns der gleichen Sprache und konnten einander doch nicht verstehen. Dieser neue einheimische Feind war ungemein listig, ließ sich nicht greifen, stellte sich nicht. Er verfolgte seine Mitbürger aufgrund schamlos vorgetäuschter Ideale, in Wirklichkeit jedoch im Namen eines absoluten Machtanspruchs. Als eines seiner zahllosen Opfer setzte er auch mich für längere Zeit hinter Schloß und Riegel, verbannte mich aus dem täglichen Leben der Stadt. Danach mußte ich mich, zum Glück wenigstens von neuem vereint mit Mann und Kind, auch noch an einem anderen, mir zugewiesenen Ort ansiedeln. Und wiederum: Auch diesmal bin ich zurückgekommen nach Prag. Weil ich hier zu Hause bin. Das kann niemand ändern.

Wenn ich im Laufe der letzten Jahre von meinen zahlreichen, auf erfreuliche Arbeit ausgerichteten und durchwegs interessanten Fahrten ins Ausland heimkehre, mit einer Fülle verschiedenartigster Erlebnisse und Erfahrungen in Kopf und Herz, und als freier Mensch mit meinem Prag Wiedersehen feiere, bin ich meistens nicht imstande, länger als zwei Tage ruhig zwischen meinen vier Wänden zu sitzen, die inzwischen eingegangene Post durchzusehen, längst überfällige Telefongespräche zu erledigen – kurz, schlecht und recht »Ordnung zu machen«. Unaufhaltsam zieht es mich auf die Straße, ich muß hinaus, muß nachsehen und spüren, ob auch Prag »in Ordnung« ist.

Wenn ich dann in die Stadt fahre – diese Redewendung ist mir aus meinen Kindertagen in Karolinenthal geblieben –, kann ich das Zentrum nur über eine Brücke erreichen. Der Blick auf den Hradschin mit Burg und Veitsdom ist für mich jedesmal eine Freude. Auf der anderen Seite halte ich nach den Schwänen Ausschau, die erst in jüngster Zeit, dafür aber in immer größerer Anzahl, die Moldau besiedeln. Mit ruhevoller Selbstverständlichkeit segeln sie, wie mir scheint sogar fröhlich, durch die trüben Fluten. Auch sie sind hier bereits zu Hause.

Seit kurzem betrachte ich aufmerksam auch den Wasserstand der Moldau, besorgt, ob sie sich mit dem Flußbett zufriedengibt, sittsam dahinfließt und nicht in die Straße eindringt und Stadt und Menschen überschwemmt. Als uns das der Fluß im Jahr 2002 antat, zog ich gleichfalls los, mußte sehen, riechen und spüren, was mit Prag geschieht.

Unvergeßlich bleibt mir aus jener bangen Zeit der Blick von einer der Brücken. Am Ufer unter mir war ein Café etabliert mit Tischen und Stühlen. Bis hart an den

Flußrand. Unter normalen Umständen konnte man sich bei den mit Musik vorbeiziehenden Dampfern und den zahlreichen Booten mit fröhlichen Menschen der Illusion eines Klein-Venedig hingeben. Ob die Einrichtung des Cafés rechtzeitig geborgen oder vom wildgewordenen Fluß weggeschwemmt wurde, wußte ich nicht, als ich auf die ruhelosen, mit zischenden Wellen heranstürzenden Fluten hinabsah. Tische und Stühle waren verschwunden. Nur ein Sonnendach war auf der Wasserfläche übriggeblieben mit dem flaschengrün aufgedruckten schwankenden Namen des einst blühenden und nun untergetauchten Lokals: C'est la vie! So ist das Leben!

Die Hochwasserkatastrophe war, so hoffe ich, ein einmaliges Ereignis. Aber nachschauen, ob Prag »in Ordnung« ist, gehe ich weiterhin nach jeder Rückkehr aus fremden Landen.

Ein solcher Streifzug führte mich eines Tages, beinahe ohne mein Zutun, wieder einmal in die Gassen der Altstadt.

Die feine Pariser Straße mit ihren Exklusiv-Geschäften für anspruchsvolle und finanzkräftigste Touristen ließ ich links liegen. Solche gibt es überall, ich begegnete ihnen ja selbst auf den Terazije in Belgrad, obwohl dorthin, wie man mich in dem Prager Reisebüro belehrte, »niemand fährt«. Allein das einzigartige Gewirr von Gäßchen, das Gedränge zu vieler Menschen auf ungenügendem Raum, wie ich es in ursprünglicher Form nur mehr von vergilbten Fotos und auf den Bildern Robert Gutmanns kenne, dieses sagenumwobene Herzstück Prags, übt weiterhin seine Anziehungskraft auf mich aus. Die Leiden und Freuden, die Weisheit und Abgeklärtheit von Jahrhunderten liegen hier irgendwie in der Luft, obwohl natürlich heutzutage alles ganz anders ist.

Ganz anders? Gewiß, die elenden Häuser, in denen die Menschen in zum Glück längst vergangenen Tagen hausen mußten, sind verschwunden. Neben häufigen Verfügungen wechselnder Obrigkeiten besorgte das vornehmlich ein verheerender Feuerbrand im Jahr 1689, dem die meisten zum großen Teil nur aus Holz errichteten Bauten zum Opfer fielen. Schon längst stehen am Ort des einstigen Ghettos und der späteren Judenstadt Josefov stattliche Bürgerhäuser. Selbstbewußt, stilvoll, auch richtig schön. Aber …

Aber auf einmal mußte ich stehenbleiben, eingezwängt in ein Menschenknäuel. Durch die Straße, über die Gehsteige und die Fahrbahn, überall schoben sich ältere und jüngere Leute vorwärts, blieben stehen, jemand erhob seine Stimme und erzählte den Umstehenden etwas, dann ging es von neuem um einige Schritte weiter.

Träumte ich wieder einmal mit offenen Augen? Das Gewimmel und Gedränge von einst, die miserablen Behausungen und die unsichere Ghetto-Existenz, all das war, hoffentlich unwiderruflich, längst Geschichte geworden. Zum Glück auch das Unvorstellbare, das die jüdischen Bürger der Stadt im Laufe der jüngsten Geschichte betroffen und vernichtet hat. Was ich rings um mich vernahm, war auch kein Jiddisch oder gar Hebräisch, auch kein tschechisches Wort gelangte zu meinen Ohren. Man murmelte, rief, staunte, lachte, bewunderte und erkundigte sich rings um mich deutsch und italienisch, englisch und spanisch, holländisch und schwedisch. Nicht einheimische Bewohner, ausländische Besucher füllen jetzt täglich die Straßen mit den Gedenkstätten, dem alten Jüdischen Rathaus, der noch älteren Alt-Neu-Schule, deren Anfänge bis zum Jahr 1270 zurückführen, den Synagogen der nachfolgenden Jahrhunderte und dem in der Tat uralten Jüdischen Friedhof.

Wen suchte ich hier? Wem hoffte ich insgeheim zu begegnen? Warum wird es immer so still in mir, wenn ich durch diese Gassen schlendere?

»Scusi!« Einer Gruppe lärmender Bürschchen, alle mit den Narrenkappen auf dem Kopf, die auf dem Altstädter Ring auf Schritt und Tritt feilgeboten werden, stand ich offenbar im Weg. Ich machte ihnen schnell Platz und entwich in das ganz kurze Gäßchen, das zu dem Alten Jüdischen Friedhof führt.

Auch hier war es keineswegs still. An beiden Seiten des Sträßchens reiht sich nun ein Laden mit Souvenirs, auch mit allerhand orientalischen Schals oder mit Holz- und Porzellangeschirr – muß mich Glas und Porzellan überall einholen? – an den anderen. Ich betastete da ein Tuch in den leuchtenden Farben Lateinamerikas, beschnupperte dort ein exotisches Seifenstück, betrachtete die sonderbarerweise zu einem Modeartikel und anscheinend beliebten Mitbringsel gewordenen größeren und kleineren Holzmarionetten, die in Rudeln an Schnüren hängend in beinahe jedem Laden zu haben sind. Figürchen in böhmischer Nationaltracht, weißbärtige Rübezahle, Wassermänner mit langen grünen Haarsträngen. Auf einmal stockte mein Blick, konnte nicht weiter, auch meine Füße waren plötzlich wie festgenagelt, rührten sich nicht von der Stelle.

Vor mir hing in schwarzem Kaftan und mit einem steifen schwarzen Hut auf dem Kopf eine lange Reihe orthodoxer Judenmännchen, mit Vollbart und auffallend großen krummen Nasen, etliche mit einem scheußlichen, arglistigen Gesichtsausdruck. In nächster Nachbarschaft des Alten Jüdischen Friedhofs und der Pinkas-Synagoge, deren Wände mit den Namen der Tausenden im Holocaust umgebrachten Juden aus unserem Land bedeckt sind.

Kann so etwas überhaupt möglich sein? Wieso kann so etwas in unseren Tagen überhaupt noch möglich sein?

Wie angewurzelt stand ich da. Bei näherer Betrachtung mußte ich mir eingestehen, daß dieses Sortiment augenscheinlich sehr gefragt ist, wenn es in solcher Menge angeboten wird. Unter einer Reihe kleinerer, lose baumelnder, gab es noch eine Reihe größerer, standfesterer Holzjuden. Wahrlich eine reichhaltige Auswahl. Ich sah mich nach dem Eingang in den Laden um. Den kann man nur über einige Stufen erreichen, die offenbar in einen Kellerraum führen. Vorsichtig stieg ich hinab. Unten war es ein wenig düster. Selbst die ringsum ausgestellten Marionetten in bunter Kostümierung mannigfaltigster Art waren nicht imstande, ihre dumpfe Umgebung zu beleben.

In einer Ecke, hinter einem kleinen Schreibtisch, saß ein gelangweilter, schlecht rasierter jüngerer Mann.

»Guten Tag«, sagte ich.

Er nickte nur, erhob sich nicht.

»Mich interessiert, was die Figuren oben auf der Straße, die in den dunklen Anzügen und mit dem Hut auf dem Kopf, kosten.«

»Sie meinen die Rabbiner?« fragte der Mann, weiterhin ohne sich zu erheben.

Ich zuckte zusammen. Zwischen der Alt-Neu-Schule und der Klaus-Synagoge, dem Jüdischen Rathaus und dem alten Friedhof – das kann man hier nicht vergessen, das ist in stummer Würde immer präsent –, in dieser nicht wegzudenkenden Umgebung kann man mit Hand und Fuß an Schnürchen bewegbare Rabbi-Figürchen mit abstoßender Miene für private Puppenspiele oder auch als einzigartigen Zimmerschmuck erstehen. Kann sie nach Belieben aufdringlich gestikulieren, herumspringen, auf dem Boden krabbeln lassen. Und sie müssen das tun, sind doch Marionetten für Puppenspiele.

Jetzt dürfen mir keine Tränen kommen.

»Das sind Rabbiner?« wiederholte ich leise.

»Klar.« Der unrasierte junge Mann mit dem etwas fremdartigen Akzent maß mich von seinem Tisch und Stuhl aus mit einem verächtlichen Blick. Was für eine einfältige Kundin war da zu ihm hereingeschneit! »Rabbiner, das erkennt doch jeder«, belehrte er mich.

»Aha.« Ich nahm mich zusammen. »Und sie kosten?«

»Die kleineren neunhundert, die größeren elfhundert tschechische Kronen. Wir nehmen auch Euro und andere Devisen.«

Der Mann machte keine Anstalten, sich von seinem Stuhl zu erheben, ließ mich aber nicht aus den Augen. Seine Ware hing und stand ja überall ringsum. Ich machte kehrt.

Zurück auf der Straße, holte ich erst einmal tief Atem und blieb nochmals vor den »Rabbinern« stehen. Mancher hatte ein dümmliches Gesicht, andere kennzeichnete ein unverkennbar hämisches Lächeln unter der recht großen Nase.

Wo steckt mein stummer Begleiter, der gleichzeitig an drei Tischen zu sitzen versteht? Hier sollte er auftauchen, mich sogar an der Hand nehmen und hinausführen aus diesem unerträglichen Gemisch von einst und jetzt, in dem ich mich nicht zurechtfinden kann, das mich empört, vor allem aber schmerzlich berührt. Warum läßt er sich weder sehen noch hören? Gerade da könnte er doch eine Ausnahme machen.

Plötzlich war ich recht müde und beschloß, meinen Rundgang langsam zu beenden. Als ich die schmale Gasse überquerte, um auf ihrer anderen Seite den Rückweg anzutreten, stellte ich, nun nicht mehr überrascht, fest, daß sich auch da ein Souvenirladen an den anderen reiht. Zuerst versuchte ich wegzuschauen, blickte dann aber doch wieder in die dicht besetzten kleinen Schaufenster, die keine Fenster sind, sondern nur Nischen und Regale mit einem unbeschreiblichen Vorrat an kunterbunten Waren. Und siehe: Juden sind anscheinend wirklich ein überaus gefragter Modeartikel geworden.

Auf einmal, auf den unergründlichen Umwegen der Erinnerung, mußte ich daran denken, wie rings um das Schloß Schönbrunn in Wien in kleinen und auch größeren Läden in Gips und Porzellan, vergoldet oder bemalt, in geradezu winzigem, aber auch recht großem Format Kaiserliche Hoheiten verkauft werden: die schöne und so jung ermordete Sissy und ihr weißbärtiger Gemahl Kaiser Franz Josef. Dort nahm ich das belustigt zur Kenntnis. Und jetzt konnte ich mich nicht damit abfinden, daß in der ehemaligen Prager Judenstadt ihre gleichfalls schon zum Bestandteil der Geschichte gewordenen einstigen Bewohner kauflustigen ausländischen Besuchern als Souvenir angeboten werden. Allerdings ...

Das ist es eben: allerdings! Und auch die Art, wie sie dargestellt werden.

Mit einemmal beschlich mich das Gefühl, daß mein

stummer Hilferuf vielleicht nicht ganz vergeblich war. Denn auf dieser Seite der Straße begegnete ich Holzfigürchen unverkennbar jüdischer Musiker, gleichfalls in dunklem Anzug und mit dem steifen Hut auf dem Kopf. Diese geschnitzten Männlein sind unbeweglich, aber wenn man richtig hinzuhören versteht, lassen sie ihre winzigen Baßgeigen erklingen, fingern an ihren für sie fast zu großen Celli oder halten eine Violine unter dem Kinn, geigen und weinen und lachen dabei wie ihr weltberühmter Kollege, der Fiddler on the roof.

Gleichzeitig weinen und lachen könnte manchmal beinahe auch ich, wenn ich mich auf meinen Streifzügen durch die Stadt bewege. Das rufen zweifellos Begegnungen hervor, das Zusammentreffen von einst und jetzt, Haltepunkte auf der Drehscheibe persönlicher sowie auch mit anderen Menschen geteilter Erlebnisse.

In der Dlouhá, der Langen Gasse, die in den Altstädter Ring mündet, steht ein kleines Haus mit dem Nummernschild 12. Das kannte ich gut von innen und außen. Ich weiß auch, daß es angeblich schon im 13. Jahrhundert von einem tüchtigen Bierbrauer errichtet worden sein soll. Und weil mir das kleine Haus so vertraut ist, habe ich diese Straße lange bewußt gemieden, wollte das in späteren Jahren verschmutzte, beschmierte, völlig verwahrloste Häuschen bei einem zufälligen Vorbeigehen nicht sehen, wußte aber, daß ich auch nicht wegschauen könnte.

In diesem Haus Nr. 12 war nämlich längere Zeit die Redaktion der Monatsschrift »Im Herzen Europas« angesiedelt, die ich von ihrer ersten bis zu ihrer beinahe letzten Ausgabe redigiert habe. Am Anfang des Jahres 1970, in dem gewaltsam einsetzenden und absurd als »Normalisierung«

bezeichneten Zeitabschnitt nach der Liquidierung aller Reste des zu Recht als »Prager Frühling« bezeichneten hoffnungsvollen Reformversuches der politischen Ordnung in der Tschechoslowakei, erwischte es mich wieder einmal. Ich wurde als politisch unzuverlässig, wenn nicht gar für das Normalisierungssystem gefährlich, abermals von einer Stunde zur anderen gekündigt. Durfte auch Nr. 12 nicht mehr betreten. Bald danach begann für das alte Haus seine wohl schlimmste Zeit.

Daß es schon im 13. Jahrhundert erbaut wurde, scheinen Gewölbe im Keller und Erdgeschoß zu bestätigen. Auch daß es ein Bierbrauer oder Schankwirt zu seinem trinkfreudigen Dasein erwecken ließ, stimmt wahrscheinlich. Vom altersmüden Niedergang rettete es der Verlag Orbis, der seinerseits kurz nach der Gründung der Tschechoslowakischen Republik im Jahr 1918 ins Leben gerufen wurde und mit seinen Publikationen, vor allem mit der international anerkannten und erstklassigen Tageszeitung »Prager Presse« unter der Leitung von Arne Laurin, das Interesse für den jungen Staat im Ausland wecken sollte. Was in beträchtlichem Maß auch gelungen ist. Es war dieser Verlag, der auch die Zeitschrift »Im Herzen Europas« herausbrachte.

Ich war mit meiner Redaktion Anfang der sechziger Jahre des kürzlich vergangenen Jahrhunderts in die Dlouhá Nr. 12 eingezogen. Ungeachtet meines fristlosen und mit allerhand Verboten bereicherten Normalisierungs-Hinauswurfs betrat ich das kleine Haus noch einmal.

»Es tut mir wirklich leid, glauben Sie es mir bitte«, stammelte der Pförtner, ein stiller älterer Mann, verlegen und ängstlich, als ich eines Tages unter dem breiten Haustor auftauchte, »aber ich darf Sie nicht hereinlassen. Wissen Sie nicht, daß Sie Hausverbot haben?«

»Weiß ich. Ich will auch gar nicht in das Haus.«

»Nein?« Er war sichtlich erleichtert. »Aber …«

»Bei unserem Einzug habe ich eine junge Pappel in den Hof einpflanzen lassen.«

»Eine Pappel? Sie meinen den kleinen Baum?«

»Ja, ich meine die kleine Pappel und bin heute nachschauen gekommen, ob für sie jetzt ordentlich gesorgt wird.«

»Für die Pappel?«

»Ja, für die Pappel.«

Der Mann blickte sich angstvoll um, stellte beruhigt fest, daß wir allein in dem Hausflur waren.

»Ich weiß nicht«, murmelte er unglücklich, »Sie haben doch Hausverbot …«

»Habe ich auch Hofverbot?«

Sein Gesicht erhellte sich. »Davon weiß ich nichts«, sagte er mit auf einmal beinahe fester Stimme. »Das hat mir niemand gemeldet. Gehen Sie ruhig Ihre Pappel besuchen, Frau Redakteurin, aber bitte ganz schnell.«

Ach Prag, mein liebes närrisches Prag!

Als in den letzten Novembertagen des Jahres 1989 diese schwarze Periode in unserem Land ein jähes Ende fand, verging noch eine gewisse Zeitspanne, ehe ich meine Schritte, jetzt eher neugierig als bange, doch wieder in die Dlouhá lenkte.

Das Haus Nr. 12 war nun mit einem Gerüst versehen, Bauarbeiter liefen ein und aus. Von da an ging ich ab und zu nachsehen, wie die Rekonstruktion fortschreitet, ohne zu wissen, wer sie in die Wege geleitet hatte. Das spitze historisch belegte Dach wurde abgetragen, der Bau wuchs in die Höhe. Ich fragte einen der Maurer, ob er mir sagen könnte, wer der Besitzer des Hauses ist. Er wußte es nicht, kannte nur die Firma, deren Angestellter er war. Das hätte ich mir denken können.

Dann war die Revitalisierung, wie man jetzt zu sagen pflegt, eines Tages zu Ende. Blitzsauber, erbsengrün angestrichen und mit einer modernen Eingangstür versehen, steht Nr. 12 stolz und selbstbewußt, so scheint es mir, in seiner neuen Aufmachung an der alten Stelle. Aber wie mag es drinnen aussehen? Hat meine Pappel die große Veränderung überlebt? Wie so oft war wieder einmal meine nimmermüde Neugierde geweckt.

Aus den Medien erfuhr ich, wer nun in dem Haus schaltet und waltet. Eine schillernde Persönlichkeit: Fernsehboß, Politiker, Kunstliebhaber, verstrickt in – auf jeden Fall für mich – völlig unbegreifliche Finanzaffären. Unter dem neuen Dach ließ der neue Hausherr auch eine schöne Galerie installieren, die man allerdings nur nach rechtzeitiger Voranmeldung besuchen kann. Nie hätte ich gedacht, daß das kleine Haus, die historische Bierschänke und dann unsere Redaktion, eine so ungewöhnliche und faszinierende Metamorphose durchstehen könnte. Was war bei dieser gründlichen Umkrempelung aus meinem winzigen Arbeitsraum geworden, in dem ich mich so wohl gefühlt habe? Und die Pappel im Hof? In mir nagte der dringliche Wunsch, Nr. 12 in seinem neuen Gewand besichtigen zu können.

Und dann war das eines Tages wirklich möglich.

Hat das unsichtbare Wesen, das gleichzeitig an drei Tischen sitzen kann, dabei von sich aus und natürlich ohne meine Kenntnis ein wenig mitgeholfen? Wer kann das wissen. Aber wieso war es gerade die liebenswürdige Direktorin des Franz-Kafka-Zentrums, die mir diesen Besuch einrichtete und mich auch persönlich dabei begleitete? Kann in Prag eine solche Verbindung ein Zufall sein?

Als ich auf meinem Weg zu dem Besuch in der Dlouhá den Altstädter Ring überquerte, erfaßte mich auch diesmal mein spezielles »Prager Gefühl«: Hier bist du zu Hause, hier kennst du dich aus, hier willst du alles wissen und verstehen, und hier kommen ja auch die Erlebnisse quasi von sich aus bereitwillig, zumeist sogar freundschaftlich, auf dich zu. Erwartungsvoll und in guter Stimmung erschien ich pünktlich vor Nr. 12.

Der Pförtner ist natürlich inzwischen jemand ganz anderer als der ängstliche Alte vor etlichen Jahren. Unser sorgenvoller Türhüter von damals genoß hoffentlich ohne allzu viel Sorgen seinen Ruhestand. Der neue, viel jüngere Mann hat jetzt drei Computer vor der Nase und beobachtet von seinem Platz aus das ganze Haus.

Die gute alte Holztreppe hat ausgedient. Auf Hochglanz polierte Steinstufen ersetzen sie. Das vor Jahrhunderten errichtete Bierhaus besitzt nun einen gläsernen Aufzug. Zu unseren Zeiten gab es im Erdgeschoß zwei Gewölbe mit ursprünglichen rauhen Steindecken. Die sind noch da, wölben sich jetzt über gediegen eingerichtete Aufenthaltsräumlichkeiten mit einem ebensolchen Barpult.

»Was möchten Sie zuerst sehen?« wurde ich höflich gefragt.

»Wenn es geht, mein ehemaliges Arbeitszimmer in der ersten Etage. Es war einfenstrig, mit einem Ausblick auf die Straße.«

»Das war Ihr Zimmer?« fragte die Dame des Hauses, die uns herumführte, verwundert, als wir dort ankamen. »Ist ja so klein, sieht fast wie eine Nische aus. Was war Ihre Funktion in der Redaktion?«

»Ich war die Chefredakteurin.«

»Und da saßen Sie hier?«

»Ja, und sehr gern.« Ich mußte lachen. »Chefredakteure, so hat mir einmal jemand erzählt, sollten tunlichst ein geräumiges Sekretariat und für sich einen ganz kleinen Raum haben. Beides bekommt angeblich dem guten Verlauf der Arbeit.«

Nun lachten auch die beiden Frauen, und ich betrat »mein« Zimmer, ging ans Fenster und schaute hinaus. Da geschah etwas Merkwürdiges. Ich sah nicht die geschäftige Straße im urwüchsigsten Zentrum der Stadt. Durch das schmale Fenster blickte ich dank der unerklärbaren Einschaltungen unseres Unterbewußtseins in die tumultösen, aufregenden sechziger Jahre. Von hier aus habe ich im August 1968 den Metallriesen, die Kanone der einmarschierten Roten Armee, beobachtet, die vor unserem kleinen Haus Position bezog. Vielleicht weil sie auf dem Altstädter Ring zwischen den zahllosen Panzern und Transporteuren keinen Platz mehr hatte. Oder vielleicht, weil unsere Redaktion ein »strategisch wichtiger Punkt« war. Wer kann schon nachvollziehen, was in den Köpfen der damaligen Machthaber vor sich ging.

An dem schicksalhaften Tag der Invasion kam unsere Redaktionssekretärin, wie wir alle, in frühester Morgenstunde atemlos angestürmt. An ihrem Arm hing ein kleiner Korb, aus dem ein stattlicher Blumenkohl hervorlugte, in ihrer freien Hand hielt unsere Pavla einen prächtigen Blumenstrauß.

»Du wunderst dich?« sagte sie, als sie mein erstauntes Gesicht bemerkte. »Wer weiß, ob uns die Okkupantengauner dort draußen heute überhaupt noch nach Hause gehen lassen. Also habe ich für jeden Fall etwas zum Essen mitgebracht. Und die Blumen stellen wir in einer schönen Vase in der Eingangshalle auf den Tisch, damit sie kapieren, daß hier eine kulturelle Institution ist, falls sie uns auch von innen besetzen wollten.«

Aus dem Fenster, an dem ich jetzt wieder einmal stand, habe ich oft nach meinem Mann Ausschau gehalten, wenn er mich von der Arbeit abholen kam. Von hier aus habe ich Freunden zugenickt, unseren Lesern, die aus den beiden damals noch getrennten Teilen Deutschlands in die Redaktion unserer Zeitschrift zu Besuch kamen. Als ich dann das kleine Zimmer von einer Stunde auf die andere verlassen mußte, habe ich nur den farbenfrohen Druck eines Bildes von Joan Miró von der Wand geholt und mitgenommen. Es war, wie gesagt, nur ein gerahmter Druck. Jetzt hängen in Nr. 12 viele schöne Originale verschiedener Meister, denn nun ist es der Standort einer Galerie namens Goldene Gans.

Bei meinem Rundgang warf ich natürlich auch einen Blick auf den Hof, in der törichten Hoffnung, deren Unsinnigkeit ich mir nicht eingestehen wollte, meine Pappel könnte noch da sein. Das kann sie selbstverständlich nicht, mußte einem Parking mit Garage Platz machen.

Nach diesem Besuch kann ich jetzt wieder ganz vergnügt durch die Lange Gasse laufen. »Mein« Haus hat eine gründliche Metamorphose über sich ergehen lassen, ist anders geworden wie alles ringsum auch. Aber es steht und lebt, das ist die Hauptsache. Und es ist abermals eine kulturelle Einrichtung und keine obszöne Touristenattraktion.

Schämst du dich nicht ein bißchen, Melantrichgasse?

Hör mal, mein Freund, der du gleichzeitig an drei Tischen zu sitzen pflegst, hast du da nicht ein bißchen mitgeholfen? Du hattest doch die Möglichkeit, dem neuen Besitzer des Hauses einzuflüstern, daß hier schon seit Jahren nicht mehr Bier, vielmehr Kultur verabreicht wird und daß das so bleiben sollte, weil man aus der Vergangenheit Lehren ziehen und in der Gegenwart nicht jede neue Dummheit übernehmen sollte.

Nach dem abrupten Ende meiner journalistischen Tätigkeit als eine der unausweichlichen Folgen des abrupten Endes des Prager Frühlings, nach meiner Kündigung, mit der ich rechnen mußte, die mich aber dennoch wie ein Blitz aus unheiterem Himmel traf, hatte ich wieder einmal Glück im Pech. Im krampfhaft »normalisierten« Prag fand ich einen verhältnismäßig guten Unterschlupf. Ich wurde auf freiem Fuß Mitarbeiterin einer Agentur für Dolmetscherarbeiten. Das ist eine anonyme Tätigkeit, Kongreß- oder Diskussionsteilnehmer wissen in der Regel nicht, wer in den Kabinen im Hintergrund des Saales ihre Worte in eine andere Sprache übersetzt. Diese Beschäftigung wurde mir nicht verwehrt. Meine bilinguale deutsch-tschechische Erziehung bescherte mir neue Früchte.

In der damaligen Tschechoslowakischen Sozialistischen Republik konnten internationale Organisationen relativ billig ihre Symposien, Konferenzen oder auch Kongresse abhalten. Der Wechselkurs im Lande war für sie günstig, und Prag genoß den Ruf einer verlockend schönen Stadt.

Das war jedoch nur eine Seite dieser florierenden Tätigkeit. Die andere war für einen Teil der hierbei Engagierten noch attraktiver. Aus nicht weiter erklärbaren und erklärten Gründen fanden in jenen Jahren Treffen z. B. des Internationalen Journalistenverbands, des Internationalen Studentenbundes und ähnlicher Organisationen fast ausnahmslos in exotischer Ferne, auf anderen Kontinenten statt. Ich wunderte mich, warum Journalisten oder Teilnehmer der sogenannten Permanenten Christlichen Friedenskonferenz ausgerechnet in Moçambique, Sierra Leone, in Simbabwe oder im Senegal zusammenkamen. Waren sie bei ihren internationalen Zusammenkünften wirklich imstande, die inneren Widersprüche in jenen Ländern zu glätten, und trauten sie sich sogar zu, uralte Traditionen in die »richtigen« Bahnen zu lenken? Gab es in jenen Erdteilen so bedeutsame Presseleute, daß ihre europäischen Kollegen die lange Reise auf sich nahmen, um ihre Medienwelt aus unmittelbarer Nähe kennenzulernen? Oder war es nicht eher die Möglichkeit eines interessanten und abenteuerlichen Ausflugs, die die Wahl des jeweiligen Tagungsortes dieser internationalen Zusammenkünfte bestimmte? Meine Kollegen lernten auf solche Weise ein gutes Stück Afrika und Asien kennen. Zweifellos eine positive Seite derartiger Unterfangen.

Ich war kein »Reisekader«, durfte die Grenze meiner Heimat professionell um keinen Meter überschreiten.

»Schade, daß du niemals mitkommen kannst«, bedauerte man mich manchmal.

»Mitkommen kann ich nicht, aber hinkommen an diese Ecken und Enden unserer Welt werde ich bestimmt einmal«, antwortete ich mehr selbstbewußt als berechtigt, hatte nicht den geringsten Rückhalt für eine solche Behauptung.

Aber das Wunder geschah. Das selbstherrliche Regime fiel nicht eines Tages, sondern wörtlich über Nacht zusammen, und bald danach begann ich zu reisen. Sogar auch nach dem Senegal.

Ehe dieses neue Kapitel in meinem Leben einsetzte, kämpfte ich die ganzen Jahre hartnäckig darum, meine in London lebende Tochter und ihre Familie ab und zu besuchen zu können, was nicht ohne langwierige amtliche Bewilligungsverfahren möglich war und auch dann nicht immer glatt und reibungslos verlief.

Einmal trat ich meine Reise über Paris nach London mit der Eisenbahn an. Im Grenzort Cheb (Eger) passierte ich ohne Hindernis die Paß- und Zollkontrolle, atmete auf und verkroch mich in einer Ecke des Abteils. Der Zug stand still, machte keine Anstalten, sich erneut in Bewegung zu setzen. Auf einmal ging die Tür des Abteils energisch auf, ein sehr junger Grenzsoldat wies mit dem Finger auf mich und sagte:

»Packen Sie Ihr ganzes Gepäck zusammen und kommen Sie!«

»Warum?«

»Nehmen Sie alles mit und los!«

Mit meinen zwei Koffern (Geschenke für die Familie) kletterte ich aus dem Wagen. Der Junge sah zu und rührte sich nicht. Wir trotteten den Zug entlang, er vor mir, ich mit den Koffern ihm nach. Aus den Wagenfenstern beguckten uns die Fahrgäste verwundert, manche auch beunruhigt, je nachdem.

»In der Zollerklärung haben Sie alles angeführt?« fragte der Knabe in Uniform auf einmal.

»Selbstverständlich.«

»Auch was Sie jemandem bestellen sollten?«

»Sie meinen einen Gruß an Tante Marie? Nein, so etwas nicht.«

Er schnitt eine Grimasse, wir trabten weiter und erreichten das schäbige Bahnhofsgebäude.

Drinnen mußte ich alles aus den Koffern herausholen. Auf einem Tisch türmten sich meine Pullis, Unterwäsche, Kosmetik, handgestricktes Kleinkinderzeug, eine Puppe, ein Plüschhündchen. Eine junge Frau in der Uniform der Sicherheitsbeamten durchwühlte den Haufen, dann mußte ich wieder alles einpacken, weil sie offenbar nicht gefunden hatten, was sie vermuteten. Ich durfte meine Koffer wieder zurückschleppen.

Als ich mich in dem Abteil pustend auf meinen Platz fallen ließ, setzte sich der Zug in Bewegung. Meine Untersuchung hatte eine Verspätung von mehr als einer halben Stunde zur Folge. Aber ich fuhr weiter, mußte nicht, wie ich befürchtet hatte, von der Grenze nach Prag zurückkehren.

Bei meiner nächsten Reise versuchte ich klug zu sein und kaufte ein Flugticket, wollte die Grenzprozedur im Zug nicht mehr über mich ergehen lassen. Und Abflugzeiten müssen eingehalten werden.

Im Prager Flughafen passierte ich anstandslos die Sicherheitskontrolle, mein Gepäck glitt hinunter in den Laderaum, ich begab mich beruhigt zur Paßkontrolle. Der Beamte grüßte höflich, blätterte in meinem Paß, nahm dann den Stempel zur Hand, hob ihn – und ließ ihn plötzlich in der Luft stecken.

»Warten Sie«, sagte er, nicht mehr so höflich, und drückte auf seinem Pult auf einen Knopf.

Nach ein paar Minuten erschien ein Zivilbeamter. »Kommen Sie mit!«

Schon wieder! Ich kam mit, konnte nichts anderes tun. Mein Gepäck war auch wieder da und wurde gründlich untersucht. Diesmal, es war kurz vor Weihnachten, duftete ein Apfelstrudel in dem Koffer. Das uniformierte Fräulein von der Sicherheitsbehörde hatte lange, karminrot bemalte Fingernägel. Als sie einen in meinen Strudel bohrte, stieß ich empört hervor: »Pfui, so etwas tut man nicht!«

Sie machte eine Grimasse, der Beamte, der mich eskortierte, blickte weg. Dann verschwand er mit meinem Adressenbüchlein. Du liebe Einfalt! Glaubten sie wirklich, dort Konspiratives zu entdecken? Nach einer Weile kam er zurück, überreichte mir meinen Paß und das Adressenbüchlein und sagte:

»Jetzt ist alles in Ordnung, glückliche Reise.«

»Nichts ist in Ordnung«, entgegnete ich wütend. »Wollen Sie mir bitte sagen, was das Ganze zu bedeuten hat?«

»Das weiß ich nicht.« Er fiel ganz aus seiner Rolle. »Man hat mir angeordnet, Sie zu durchsuchen, nicht mitgeteilt, warum.«

Das konnte sogar wahr sein. Mit der Handtasche unter dem Arm und dem abgestempelten Paß in der Hand betrat ich endlich den Warteraum der abgefertigten Passagiere, der auf dem damals noch nicht modernisierten Prager Flughafen mit einer Glaswand von den Kontrollstellen getrennt war.

Als ich mich nach einem Sitzplatz umblickte, kam ein älterer Herr auf mich zu, verneigte sich leicht und sagte in bestem Englisch:

»Gestatten Sie, Madame, daß ich Sie zu einem Gläschen einlade.«

»Vielen Dank«, antwortete ich überrascht, »das ist sehr liebenswürdig von Ihnen. Aber warum?«

»Weil ich glaube, daß Sie so etwas jetzt gerade brauchen«, lautete die sachlich freundliche Antwort. Dem Gentleman war mein Zusammenstoß mit der Sicherheitsbehörde hinter der Glaswand nicht entgangen.

Wir tranken gemeinsam einen Whisky und verabschiedeten uns danach von einander. Er reiste mit demselben Flugzeug wie ich, nickte mir nur mehr bei der Landung in London von weitem höflich zu.

Wann immer ich jetzt von dem inzwischen auf internationales Niveau gebrachten, sozusagen »erwachsenen« Prager Flughafen zu einer Reise ins Ausland starte, muß ich an dieses zuerst so unerfreuliche Erlebnis mit einem so erfreulichen Ende denken, das mir meine liebe und närrische Heimatstadt vor Jahren bereitet hat.

Wie ist das, mein unsichtbares Etwas, das gleichzeitig an drei Tischen sitzen kann, haben diese Zufälle, diese Widersprüche und oft geradezu halsbrecherischen Wandlungen in meiner Lebensbahn mit dem spiritus loci im historischen Auf und Ab in diesem Land und seiner Hauptstadt zu tun? Wer oder Was bestimmt das Abgleiten und dann wieder den festen Boden unter meinen Füßen? Ist dabei mein Zutun belanglos oder unentbehrlich? Wie weit kann und darf ich mein Schicksal in die eigene Hand nehmen? Kann ich jemals mit einer Antwort auf solche Fragen rechnen?

Daß ich eines Tages ein häufiger Flugpassagier sein werde, habe ich wirklich nie geahnt und schon gar nicht, als ich dieses Abenteuer zum erstenmal unternahm.

Ich glaube, es war am Ende des Jahres 1950, als nach Warschau eine wirklich große internationale Tagung einberufen wurde, bei der ein Weltfriedensrat gegründet werden sollte. Die Zusammenkunft wurde wie vieles in jener hektischen Nachkriegszeit Hals über Kopf organisiert, manches im allerletzten Augenblick.

Und so klingelte eines Abends um acht Uhr das Telefon in unserer Wohnung, und ich wurde ersucht, mich um neun Uhr auf dem Prager Flughafen einzufinden. Man habe im letzten Augenblick festgestellt, daß es in Warschau an Menschen mit der Kenntnis von Fremdsprachen mangelte. Man bitte mich dringend zu helfen. Am nächsten Tag um 10 Uhr morgens müsse in Polen die Tagung beginnen.

Dort schien ja ein prächtiges Durcheinander zu sein! Allein das war nichts gegen das Durcheinander, das diese Aufforderung in mir auslöste. Ich war bis dahin noch nie mit einem Flugzeug gereist, hatte bislang nur einmal versuchsweise gedolmetscht, konnte mir nicht vorstellen, in einer Stunde reisefertig zu sein, mußte für Kind und Mann den Haushalt organisieren, war froh, daß man bei einer so bedeutsamen Aktion mit mir rechnet, hatte Flugangst, Reise- und Lampenfieber. Und erschien eine Stunde später, pünktlich um neun Uhr, auf dem schlecht beleuchteten Flugplatz. Zu meiner Erleichterung begegnete ich dort einer Gruppe ähnlich zusammengetrommelter Amateur-Dolmetscher, von denen ich einige gut kannte.

Das Flugzeug, das für uns bereitstand, war nicht groß, nicht sehr bequem, unangenehm kühl. Es knatterte laut und sauste, wie mir schien, stellenweise ein bißchen ruckartig durch den schwarzen Nachthimmel. Kein besonderes Vergnügen, in der Eisenbahn fühlte ich mich wohler.

Hinter mir saß ein indisches Ehepaar, und der Mann ermahnte seine Frau kurz nach dem Start: »Nimm das Gebiß aus dem Mund!«

Was war nun das wieder? Ich beunruhigte mich. Warum sollte sie das tun? Drohte uns irgendeine Gefahr? Warum, zum Teufel, bin ich nicht hübsch zu Hause in Prag geblieben?

Allmählich begann das Flugzeug zu sinken, unter uns tauchten Lichter auf. Kurz darauf landeten wir mit einem kräftigen Ruck auf dem spärlich beleuchteten Flugplatz der polnischen Hauptstadt. Ich habe meinen ersten Flug unbeschadet überlebt.

Seither hat sich ringsum und auch in meinem Leben alles von Grund auf geändert. Jetzt besitze ich sogar ein Kärtchen, das mich als »frequent flyer« ausweist. So etwas hätte ich mir trotz meiner recht lebhaften Phantasie im dunklen Nachthimmel über Warschau nie vorstellen können.

Im Rahmen des schon erwähnten Auf und Ab in meinem Dasein wurde ich zu meinem überhaupt ersten Fernsehauftritt vom ZDF in Mainz eingeladen. Vielleicht weil ich in dieser Hinsicht durchaus unerfahren war, beantwortete ich ohne Hemmungen die mir gestellten Fragen und verhielt mich im ganzen völlig unbeschwert und natürlich. Gerade darum erntete ich wohl am Ende der live gedrehten Sendung spontanen Applaus nicht nur der Redakteure, sondern auch der technischen Mitarbeiter des Fernsehens, und sie überreichten mir einen riesigen, angeblich erst während der erfolgreich verlaufenden Arbeit besorgten Blumenstrauß. Mit dem im Arm trat ich am nächsten Morgen meinen Rückflug nach Prag an.

Der Zufall wollte es, daß ich bei der Abfertigung einem bekannten tschechischen Journalisten begegnete, der gleichfalls auf den Heimflug nach Hause wartete.

»Donnerwetter«, rief er, »das ist ja ein Blumenstrauß wie für Marlene Dietrich!«

Wir betraten gemeinsam den Flugplatz. In dem Augenblick verließ eine Stewardeß die schon bereitstehende Maschine, lief uns entgegen, nahm mir meine Blumen »wie für Marlene Dietrich« ab und rief:

»Hierher, die Herrschaften, der Eingang zur business class ist hier.«

Ich wollte etwas sagen, aber da faßte mich mein Kollege am Arm und lenkte mich in die angedeutete Richtung. »Hierher, Madame«, flüsterte er mir dabei zu, »heute fliegen wir business dank deiner Blumenpracht.«

Bei unserer Ankunft in Prag war der imposante Strauß noch ziemlich frisch und ich schon ein wenig hergenommen, aber zufrieden und glücklich, wieder zu Hause zu sein.

»Wie war es?« rief mein Mann, als ich in der Wohnungstür erschien.

»Normal«, antwortete ich und schob ihm meine Rosen unter die Nase. »Hast du etwas anderes erwartet?«

In den letzten Jahren bin ich nun häufig zwischen Prag und London unterwegs. Immer ersuche ich um einen Fensterplatz, weil ich dem lieben Gott so gerne in sein stets strahlend blaues Himmelszelt gucke.

Eines Tages installierte ich mich auf dem Prager Ruzyně-Flugplatz wieder einmal zufrieden auf dem mir zugewiesenen Fensterplatz in der zum Abflug bereiten Maschine, stellte dabei erfreut fest, daß der Sitz neben mir unbesetzt blieb, und brachte dort meine Handtasche und

Zeitung unter. Auf den übernächsten Platz ließ sich ein Mann mittleren Alters mit leicht dunkel getönter Hautfarbe nieder. Offenbar ein Roma.

Die Maschine startete, glitt einige Minuten über die Rollbahn, schoß dann jäh in die Höhe. In diesem Moment erwischte der Mann über den unbesetzten Platz zwischen uns mit festem Griff meinen Arm, preßte ihn krampfhaft.

Ich fuhr herum. Mein Sitznachbar war blaß geworden, sah nicht gewalttätig aus. Das Flugzeug glitt nun regelmäßig surrend durch bauschige weiße Wolkenballen.

»Verzeihen Sie«, murmelte der Mann tschechisch und ließ mich los. »Ich fühlte mich auf einmal elend, bin zuckerkrank und geriet in Panik.«

Wir kamen ins Gespräch. Vor uns saßen zwei Mädchen mit ihrer Mutter, das war seine Familie. Sie waren in der Tat Roma und wollten nach England auswandern. Keiner von ihnen konnte auch nur ein Wort Englisch.

»Warum wollen Sie weg, war es zu Hause so schlimm?«

»Ohne Zukunft«, lautete seine lakonische Antwort.

Die Familie kam aus Nordböhmen, der Mann hatte einen Beruf, den er ausübte, die beiden Mädchen besuchten die Schule. Aber Freunde schrieben, in England sei das Leben viel besser, und so hatten sie alles verkauft und waren nun unterwegs »in ein Leben mit Zukunft«.

»Es wird für Sie ziemlich schwierig sein, ohne Sprachkenntnisse«, sagte ich.

»Unsere Leute kennen mich und erwarten uns«, bemerkte er selbstbewußt, wobei freilich leise Unsicherheit nicht zu überhören war.

Der Himmel hoch oben, auch diesmal strahlend blau, schien mir mit einemmal dennoch ein wenig verdunkelt.

Will ich nur die schönen Seiten von Prag und meiner Heimat wahrhaben? zog es mir durch den Kopf. Ich weiß doch von den Schwierigkeiten unserer Roma-Mitbürger, sie leben ja auch in meiner unmittelbaren Nachbarschaft. Ich begegne ihnen fast täglich. Die Zeitungen, der Rundfunk, das Fernsehen bringen laufend Nachrichten zu diesem Problem. Aber jetzt saß ein nicht ganz gesunder Mann neben mir und zog los mit seiner Frau und zwei Kindern in eine verheißungsvoll erscheinende völlig fremde Welt. So ein hautnaher Kontakt ist etwas ganz anderes als die beste Reportage in den Medien. Zudem weiß ich aus eigener Erfahrung, wie schwer man es in der Fremde hat und wie schwierig das Eingewöhnen sein kann. Und welches Glück es ist, wenn man als vollberechtigter Bürger in seiner Heimat leben kann. Vollberechtigt, denn ohne diese Voraussetzung stimmt das Ganze nicht. Davon weiß ich ein Lied zu singen. Deshalb trifft es mich auch so schmerzlich, wenn ich zugeben muß, daß in Prag gleichfalls bei weitem nicht alles immer so ist, wie ich es gern verwirklicht und verbürgt haben möchte.

Bis diese Zeilen meine Leser erreichen, wird meine kleine Tschechische Republik schon Mitglied der großen Europäischen Union sein. Und wenn ich dann das nächste Mal nach London fliegen werde, muß ich nicht mehr in der Schlange jener Wartenden stehen, die – was mich bei jeder Ankunft unangenehm berührte – unter dem Schild »All others« aufgereiht werden. Klingt das nur mir ein wenig abwertend? Alle anderen – im Unterschied zu den willkommenen EU-Bürgern?

Und so werde ich also anerkannter Bürger von Europa sein. Aber bitte auch Bürger von Prag, das darf auf keinen Fall verlorengehen, wenn schon mein heimlicher Herzenswunsch nicht erfüllt werden kann: Ich hätte nämlich gern einen Paß, in dem in der Rubrik Staatszugehörigkeit kein durch Gewaltakte, Umstürze und sonstige Begebenheiten beeinflußbarer Begriff eingetragen wäre, sondern schlicht und einfach »Bürger von Prag«. Das wäre für mich ein Feiertag, ist aber eben nur ein Traum, eine Seifenblase in hauchdünnen, schillernden Märchenfarben.

Kein Traum, vielmehr handfeste Wirklichkeit war ein Erlebnis, das erstaunlich, im Grunde genommen aber nicht so ganz überraschend war. Eines Tages vor nicht allzu langer Zeit, genauer gesagt in der Dämmerstunde jenes Tages, bin ich mitten in Prag Franz Kafka begegnet. Seither ist das nichts so Ungewöhnliches mehr, sondern jedem möglich, der diesen Wunsch in sich trägt. Denn der berühmte Autor sitzt nunmehr ganz zufrieden auf den Schultern eines Metallriesen ohne Kopf und Hände, hat ein Hütchen auf seinem Haupt und streckt seinen Zeigefinger aus. Der weist allerdings ins Leere.

Wer sich angesichts dieses überraschend gestalteten Schriftstellerdenkmals den Kopf zerbricht, was den Künstler gerade zu einer solchen Auffassung inspiriert hat, dem sei empfohlen, Kafkas Erzählung »Beschreibung eines Kampfes« nachzulesen. Ihre Handlung bietet, so heißt es, einen Hinweis darauf, was die Phantasie und die Hand des Bildhauers beschwingte. Überdies kann freilich jeder Betrachter seiner eigenen Interpretation freien Lauf lassen.

Ich selbst stand schon wiederholt nachdenklich vor dieser Statue, atmete die Prager Altstadtluft ein, hing dem unsinnigen Wunsch nach, in diesen Gassen dem lebenden Autor und seinen damaligen Kollegen begegnen zu können – und mußte mir betrübt eingestehen, daß der wohl berühmteste von ihnen nur mehr stumm und in Bronze gegossen noch mit mir da ist.

All dies kann man auf einem Platz erleben, den Kafka – nicht in Metall gegossen – zweifellos recht gut kannte. Wer weiß, wie oft er hier durchgelaufen ist, da er doch ganz in der Nähe auf die Welt kam und auch unweit von diesem Prager Winkel die Schule besucht hat. Vom Durchlaufen kann jetzt allerdings keine Rede mehr sein. Auf dem stillen kleinen Raum zwischen der Kirche des Hl. Geistes und der Spanischen Synagoge ist Franz Kafka nun ein für allemal – so wollen wir hoffen – unverrückbar angesiedelt. Vom Altstädter Ring besuchen ihn neugierige Tauben, von der nahen Moldau fliegt mitunter eine schöne weiße Möwe vorbei.

Mich aber führt noch ein durchaus persönliches Anliegen immer wieder an diese Stelle. Heimlich erwarte ich hier, an der Grenze zwischen der Josefstadt, der traditionellen Siedlungsstätte der Prager Juden, und der Altstadt, die so viele unbarmherzige Umstürze zu überleben verstand, vielleicht eine Antwort auf meine ständige Frage: Wer oder was ist die Erscheinung, die es fertigbringt, gleichzeitig an drei Tischen zu sitzen, mich, so empfinde ich es, begleitet, beunruhigt und beschützt, umgibt, ohne gesehen zu werden, und immer da ist. Nicht wie ein Schatten, eher wie ein Streifen Licht. Und warum an drei Tischen?

Aber Kafka blickt nur wortlos auf mich hinunter, nimmt den kleinen Hut nicht ab, steckt die Hand nicht in die Rocktasche, und sein Zeigefinger weist weiterhin unbeirrt in die Ferne. Heißt das etwa, daß ich eine Antwort auf die Frage, die mich bedrängt, anderswo suchen muß? Aber wo?

Und dann geschah eines Tages, der sich durch nichts von den vorangegangenen unterschied, daß mir ganz unvermutet ein Licht aufging:

Die drei Tische sind gar keine richtigen Tische, glaubte ich in diesem Augenblick zu erkennen und erschrak dabei ein wenig. Die gaukelt mir in dieser Gestalt offenbar nur meine Phantasie vor. Wollte ich gar versuchen, mich an einem von ihnen niederzulassen, würden sich die beiden anderen zweifellos sofort herandrängen. Denn diese drei Rätselhaften können nur miteinander bestehen. Wollte ich sie benennen, müßte ich wohl dem einen den Namen Vergangenheit zusprechen, dem nächststehenden Gegenwart und den leicht vorgerückten Zukunft heißen. Denn sie gehören untrennbar zusammen, diese drei, und ich kann und will auch gar nicht einen von den beiden anderen lösen.

Als mir plötzlich diese Erkenntnis kam, saß ich gerade auf einer Bank auf der Sophieninsel in der Nähe des Nationaltheaters. Vielleicht meinte ich auf einmal zu verstehen, was bislang so geheimnisvoll zu sein schien, weil jäh hinter einer Wolke strahlend die Sonne aufging, vielleicht, weil vom nahen Spielplatz vergnügtes Kinderplappern an meine Ohren drang, vielleicht, weil mich ein vorbeilaufender kleiner Dackel mit seinen langen warmen Ohren streifte. Wer weiß, wie so etwas funktioniert.

Die drei Tische könnten drei Zeiten sein, summte es plötzlich ganz hell in meinem Kopf. Wieso ist mir das nicht schon längst klar geworden? Was einst gewesen ist, bleibt in uns. Was ist, umgibt uns, und wir können es sogar mitgestalten. Was sein wird, können wir ahnen, ja auch planen, aber nur am Rande beeinflussen.

So überlegte ich völlig in mich gekehrt an einem schönen Frühlingstag auf einer Holzbank der Sophieninsel zwischen einem Rasen und einem Blumenbeet.

Auf dem mit Kies bestreuten Weg näherte sich eine Frau in einer aufdringlich violetten Strickjacke und ließ sich mit einem Seufzer der Erleichterung neben mir auf die Bank fallen. Ich schloß vorsichtshalber die Augen. Es nützte nicht.

»Ich will Sie nicht stören«, erklang es prompt neben mir, »aber in der Sonne soll man nicht schlafen. Das ist ungesund.«

»Danke«, sagte ich und schlug die Augen lieber wieder auf, »ich schlafe nicht, ich denke bloß nach.«

»Mache ich auch«, fuhr meine Sitznachbarin redelustig fort, »aber man soll es nicht übertreiben. Sind Sie Lehrerin?«

»Nein.«

»Oder gar vom Nationaltheater?« Die Frau wies mit der Hand auf das Gebäude hinter unseren Rücken.

Ich schüttelte den Kopf.

»Aha, also von der Universität, wie? Habe ich mir gleich gedacht, so was erkenne ich nämlich sofort. Dort muß man ja nachdenken, anders geht das nicht.«

»Ich bin nicht von der Universität«, teilte ich ihr, jetzt schon amüsiert, mit.

»Macht nichts.« Die Frau war friedfertig. »Und wenn ich fragen darf: Worüber denken Sie nach?«

»Über drei Tische.«

»Über drei Tische?« Ihr blieb der Mund offen stehen, zugleich rückte sie ein wenig von mir ab. »Wie kann man über drei Tische nachdenken? Aha«, und sie kam wieder ein bißchen mehr an mich heran, »man ist bei Ihnen eingebrochen, passiert ja jeden Tag, und hat Sie bestohlen. Aber gleich drei Tische? Die Leute haben vor nichts mehr Respekt. War das in der Wohnung oder in Ihrem Wochenendhaus?«

»Nein, nein«, sagte ich und erhob mich. »Niemand hat mir etwas angetan. – Bleiben Sie gesund und auf Wiedersehen.«

»Sie müssen schon gehen?« Die Frau war sichtlich enttäuscht. »Na, bleiben Sie auch gesund, trotz der schlechten Luft in Prag. Und immer so weiter.«

Immer so weiter, trotz der schlechten Luft in Prag? Ein frommer Wunsch. Aber selbst in dieser Luft ist ja weder alles schlecht noch alles gut, überlegte ich. War an diesem Tag offenbar philosophisch gestimmt. Was in vergangenen Zeiten war, bleibt in ihr. Neben vielem Bösen und Unverzeihlichem auch der ganze Reichtum an Gedachtem und Vollbrachtem in dieser Stadt. Und das ist nicht nur der schaurige Golem, der schlaue brave Soldat Schwejk und der gequälte Träumer Franz Kafka, der endlich einen Platz zwischen einer Kirche und einer Synagoge zugeteilt bekam.

Was war, schwingt in uns weiter, ließ mich dieser Gedanke noch nicht los, es bedingt unser Verhalten, ob wir es zugeben oder nicht. Was war, kann eine drückende Last sein. Auch eine tapfer erworbene Erkenntnis, ein fester Boden, wenn man mit offenem Kopf und Herz mit seiner Vergangenheit umgeht.

Was ist, erleben wir auf Schritt und Tritt, können es hinnehmen, sogar versuchen, es zu beeinflussen. Gegenwart ist unentrinnbar, kann Glück oder Unglück sein, auch Jetzt oder Nie.

Was sein wird, können wir befürchten oder herbeiwünschen, Zukunft kann ein Traum sein, auch ein guter oder ganz miserabler Vorsatz. Je nachdem.

Könnten das in der Tat die drei Tische sein, an denen man selten, aber doch nur gleichzeitig sitzen kann? So wie in der Natur der Winterschlaf, das Frühlingserwachen und die Sommerreife untrennbar zusammengehören und trotz ihrer zeitlichen Folge in ihren Früchten eins sind.

Und das geheimnisvolle Wesen? Mein Begleiter, Mahner und Beschützer ohne erfaßbares Gesicht? Ist es männlich oder weiblich? Dürfte ich in diesem Zusammenhang einen Wunsch äußern, wäre mir männlich zweifellos lieber.

Solch unsinnigen Erwägungen hing ich an jenem Frühlingstag auf der Sophieninsel nach.

Müde von dem angestrengten Grübeln und auch ein wenig ausgetrocknet durch die eifrig wärmenden, die lange Winterkälte aufholenden Sonnenstrahlen, sah ich mich nach der Möglichkeit eines kleinen Ausschnaufens um. Ich verließ die Insel, überquerte das kurze Brücklein, lief ein bißchen an der Moldau entlang und landete, ohne es eigentlich gewollt zu haben, unter dem Gemälde mit dem grünen Absinthtrinker im Café Slavia. Hier bin ich ihm ja zum erstenmal begegnet, meinem Unruhegeist an den drei Tischen. Viktor Oliva heißt der Maler, der das große Bild geschaffen hat, das hier seit vielen Jahren an der Wand hängt. Inzwischen gehört es zu dem Lokal wie die Tische und Stühle unter ihm.

Wieso heißt der Autor dieses grünlich vernebelten Trinkermilieus gerade Oliva? Hätte er uns eine andere Kaffeehausatmosphäre hinterlassen, hieße er Roth, Blaukopf oder Goldberg?

Auf solchen Bahnen bewegten sich meine Überlegungen an jenem schon erwähnten philosophischen Tag, als ich es mir auf einem der mit braunem Kunstleder überzogenen Polstersitze bequem machte.

Ich bestellte einen Kaffee, selbstverständlich tschechisch. Ein Bekannter ging vorbei und wünschte mir in deutscher Sprache einen guten Tag. In der Zeitung, die mir ein junger Kellner mit einem freundlichen Lächeln unaufgefordert auf den Tisch legte, wurde u. a. ausführlich über ein bevorstehendes Festival jüdischer Kultur in der tschechischen Hauptstadt berichtet. Ein Prager Alltag, nicht weiter bemerkenswert.

Verstohlen blickte ich zu dem grünen Absinthtrinker hinüber. Er rührte sich natürlich nicht, schaute wie schon seit Jahren versonnen aus seinem Rahmen in das lebhafte Getriebe in dem großen Raum. Dennoch hatte ich an jenem Tag das Gefühl, er sei bei dem, was ringsum vorging, irgendwie mit im Spiel. Ich saß an einem Tisch, eine Person von vielen, allerdings eine gebürtige Pragerin, und empfand in dieser in keinerlei Weise besonderen Stunde wieder einmal, in den drei Kulturen verstrickt und vernetzt zu sein, die in dieser Stadt gleich mir ein Heimatrecht und in diesem Café gleichfalls ein angestammtes Gastrecht haben.

Könnten am Ende für sie die drei Tische symbolisch sein, die in mir gepaart mit dem Bewußtsein der Dreiheit der Zeit herumspuken?

Wie ich schon bemerkte, ich hatte wieder einmal meinen nachdenklichen Tag, an dem mich stets die kuriosesten Fragen beunruhigen.

Aber man muß ja nicht alle Antworten wissen. Wenn sich jedoch, wie so oft, das nächstemal jemand bei mir erkundigen wird, ob ich sagen kann, was das Magische, das undefinierbare Zauberhafte, Allgegenwärtige und Einmalige in Prag ist, werde ich wahrscheinlich, wie immer, nach leichtem Zögern andeuten, was ich selbst zu begreifen versuche.

Prag ist bis heute dank seiner Anlage und als Metropole eines recht kleinen Staates eine intime Großstadt. Es verkörpert die endlose Reihe unserer Träume und Wünsche, verwoben mit der bestehenden Wirklichkeit, für die wir jedoch mitverantwortlich sind. Sein Zauber mag das untrennbare Nacheinander, Nebeneinander, ja auch Gegeneinander sein, dem wir in dieser Stadt immer wieder begegnen. Und neben seiner Eigenart und Schönheit ist es nicht zuletzt auch der erprobte, stets wiederkehrende, Prüfungen trotzende Lebenswille dieses zweifellos auch leicht närrischen Prag.

Ein überraschend lautes Geräusch, dem ein kleiner Auflauf an der Tür folgte, riß mich aus meinem liebevollen Sinnen über die Einzigartigkeit meiner Heimatstadt. Ein offensichtlich recht betrunkener oder mit noch verräterischeren Mitteln berauschter Mann »in den besten Jahren« stolperte lärmend in das Café und stürzte über einen der ersten Tische, an dem zwei ältere Damen angstvoll wie ein Paar Fledermäuse aufschreckten, mit dünnen Stimmchen protestierten und um Beistand riefen. Da rannten auch schon Kellner und Kellnerinnen herbei und drängten den ungebetenen Gast aus dem Lokal. Das ging nicht ganz glatt, der Mann wehrte sich, behauptete, dringend einen Kaffee zu benötigen – was gewiß stimmte –, und brachte es auch noch fertig, in der festen Umklammerung kräftiger Kellnerarme den beiden aufgescheuchten Frauen mit einem artigen Kopfnicken zuzurufen:

»Pardon, meine schönen Damen, mein Kompliment und höchsten Respekt. Erlauben Sie mir ...«

Was sie ihm erlauben sollten, haben wir nicht mehr erfahren, denn da wurde der höfliche Eindringling schon zur Tür hinausgeschoben.

Mich versetzte dieser Einbruch von der Straße im richtigen Augenblick zurück in den nüchternen Alltag. Ich langte nach meiner Zeitung, aber da ging die Tür von neuem auf, und alle Gäste, natürlich auch ich, verfolgten aufmerksam, wer jetzt hereinkam.

Diesmal war es eine ganze Familie. Ein deutsch sprechendes Ehepaar und vier Kinder. Die stürzten nicht zum nächsten Tisch, sondern zu dem großen gekühlten Glaskasten mit Schokolade- und Mokkatorten, Obst- und Mandelgebäck und selbstverständlich auch mit dem traditionellen Apfelstrudel. Drei kleine Mädchen und ein etwas größerer Junge hatten die Qual der Wahl. Als es ihren Eltern nach freundlichem, zugleich aber auch energischem Zureden gelang, sie zum Weitergehen zu bewegen, glänzte die Glasscheibe des Kastens nicht mehr spiegelblank. Jetzt zierten sie die Abdrücke mehrerer Kinderhände.

Die Familie ließ sich an meinem Nebentisch nieder. Die drei kleinen Mädchen schubsten einander auf dem braunen Sofa zurecht, der Junge holte nach einem Blick in die Runde mit der Selbstverständlichkeit eines erfahrenen Weltmannes noch einen Stuhl von einem anderen Tisch herbei.

Nach einer Weile zog eine der Kleinen, deren Haare lustig mit bunten Wollfäden durchflochten waren, aus ihrem winzigen Rucksack etwas hervor, schüttelte es ein wenig und hielt es dann verzückt hoch. Ich sah eine hölzerne

Gliederpuppe mit langen grünen Haarsträhnen und grün von Kopf bis Fuß.

Das Kind bemerkte meinen aufmerksamen Blick, rutschte von dem Sofa hinunter und kam mit dem grünen Hampelmann im Arm auf mich zu.

»Schau«, sagte das kleine Mädchen und hielt mir ihre Holzpuppe entgegen.

»Sehr schön«, bemerkte ich.

»Das ist ein Wassermann«, wurde ich belehrt, »aber er lebt auf der Straße.«

»Glaube ich nicht«, wandte ich ein. »Ein Wassermann lebt unter dem Wasser, und wenn er auf der Straße sein muß, mag er das gar nicht.«

»Unter dem Wasser spielt er mit Fischen?« fragte das kluge Kind.

»Wahrscheinlich«, bestätigte ich. »Und wie wirst du mit ihm spielen?«

»Das weiß ich noch nicht«, sagte die Kleine und zog nachdenklich die Augenbrauen zusammen. »Er ist so schön grün, deshalb wollte ich ihn haben. Manche Puppen in dem Laden waren traurig.«

»Traurig?« Ich horchte auf. »Wieso?«

»Ganz dunkel und mit schwarzen Hüten und solchen Gesichtern«, und sie stülpte die Unterlippe ein wenig vor und zog eine kleine Grimasse. »Mutti meinte, mit denen kann man gar nicht spielen.«

Oliva, fiel mir ein. Hat mir sein stummer Absinthtrinker diese Begegnung zugedacht? Dem kleinen Mädchen sagte ich:

»Den Wassermann hast du gut gewählt. Der weiß viele Märchen und Geschichten. Frag deine Mutti, die kennt bestimmt etliche.«

Und gerade da kam die Mutter des Kindes zu uns herüber und erkundigte sich besorgt:

»Belästigt Sie unsere Milenka nicht?«

»Ganz im Gegenteil, wir verstehen einander sehr gut«, sagte ich und fügte noch überrascht hinzu: »Ihre Kleine heißt Milenka?«

»Ja«, lautete die Antwort, »nach meiner Großmutter aus Böhmisch Budweis. Und zudem haben wir noch eine Hildegard, eine Elisabeth und einen Roger. Der Junge hat seinen Namen nach dem Vater meines Mannes, der Franzose ist.« Die Frau lachte ein wenig in mein verwundertes Gesicht. »Ein bißchen kompliziert, nicht?«

»Nein, keineswegs«, protestierte ich. »Eher gut und schön. Sind Sie zum erstenmal in Prag?«

»Ach wo, wir kommen recht oft, ist ja nicht weit von München. Die Kinder haben auch schon ein paar Brocken Tschechisch aufgeschnappt.«

»Dobrý den«, rief Weltmann Roger, der vom Nebentisch alles genau verfolgte, zu uns herüber, »guten Tag.«

Ich sah mich um, war in dem Augenblick fast sicher, daß der stumme Stammgast, in seinem Rahmen in dem Bild an der Wand festsitzend, dem Wassermann im Arm der kleinen Milenka verstohlen und verschwörerisch zublinzelte.

Wir plauderten noch ein wenig, dann verabschiedete ich mich von der sympathischen Familie, mußte dabei dem Wassermann Milenkas die grüne Hand schütteln, und verließ schließlich die Slavia.

Die laute Straße umfing mich mit selbstverständlicher Vertrautheit. Prag, in tschechischer Sprache das Femininum Praha, kann launenhaft sein wie eine Frau, setzt in den letzten Jahren mitunter ein unpassend aufdringliches

Make-up auf. Aber das ist nur eine oberflächliche Schminke, ein Zugeständnis an die kommerziellen Unarten der Zeit. Das wahre Antlitz der Stadt läßt solche ungewollten Veränderungen gelassen über sich ergehen, mein Heimatort hat seine Erfahrungen und bleibt, was er schon immer war: unser wunderbar närrisches Prag.

Prag, 2004